Piccoli lettori crescono

W0313105

NORMA LA DRITTA

Il mistero dell'acqua perduta

EDUCANDO

Ciao! Mi chiamo Norma.
Mi hanno soprannominato
"la dritta", forse perché
sono molto alta per la mia età
o forse perché adoro mettermi
nei guai e non temo le sfide.
Con i miei amici
non ci annoiamo mai.
Ma un'avventura
come quella che state per leggere
non l'avremmo proprio mai
immaginata!

Norma

Cartesio

Pio

Nicolas

Paolo

Mariam

Linda

Che paura!

Avete presente quei cartoni dove la locomotiva fischia e sbuffa agitandosi come una matta? Ecco, in quel momento il mio cuore era proprio così. Anche gli altri del nostro gruppo degli "imbattibili", come ci piaceva chiamarci, non erano messi bene. Paolo, che è sempre pronto a combinarne una, se ne stava rintanato nel cappuccio della sua felpa come una tartaruga che cerca riparo davanti al pericolo. Sembrava ammutolito. Però, anche in questa situazione, non metteva a tacere la sua indole protettiva verso gli amici e con gli occhi cercava di capire come stessero gli altri della banda. Non per nulla lo chiamavamo per scherzo "cane da pastore", cosa che a lui non dispiaceva, pensando di poter essere paragonato a un maestoso maremmano dal folto pelo. C'era Nicolas che, benché più grande di noi di un anno, se la stava facendo sotto e torturava il braccialetto portafortuna che sua sorella gli aveva regalato alcuni mesi prima. Mariam, la mia amica nata in Egitto e che a scuola è nella mia classe, si era stretta a me. Non potevo vederla ma la sentivo tremare come una foglia contro il mio fianco. Mia cugina, Linda, l'unica capace di tenermi testa in quanto a fegato, se ne stava immobile, senza parole, ed evitava accuratamente il mio sguardo. Ma la felpa azzurra che quella sera aveva indossato, con la scritta Trilli che cambiava colore a seconda di come l'accarezzavi, la tradiva: i lustrini si muovevano rapidi su e giù, segno che il suo respiro si era fatto corto. Pure la stanza dove ci trovavamo tutti in cerchio a raccontarci storie

sembrava diventata all'improvviso gelida, nonostante su un lato fosse acceso un grande camino.

Vi state chiedendo dove eravamo e perché eravamo così impauriti? Avete ragione, ora ve lo spiego, ma fatemi fare un piccolo passo indietro così capirete meglio la situazione. Eravamo nel camp "5 giorni nella natura", dove ci avevano iscritti i nostri genitori per quelle vacanze di Pasqua. Il motto del camp era "vita wild e ritmi di un tempo". Che voleva dire? Fare i selvaggi e andare piano? Mah... Una volta lì capimmo che in concreto significava niente merendine né surgelati e invece cibo naturale portato dalle fattorie della zona, giochi all'aria aperta e zero comfort tecnologici. Per cui, dopo aver cenato su grandi tavoloni in legno, tutte le sere sparecchiavamo, noi bambine insieme ai maschi, anche se alcuni di loro si lamentavano, chissà poi perché, il mio papà aiutava sempre in tutti i lavori di casa. Poi sgombravamo lo spazio mettendo i cuscini n circolo per "socializzare", mentre gli educatori portavano la legna e preparavano il fuoco nel camino davanti al quale ci riunivamo.

Un programma che aveva esaltato i nostri genitori.

«Hanno bisogno di stare all'aria aperta!»

«Impareranno da dove arriva il cibo che trovano al supermercato!»

«Un po' di vita a contatto con la natura non potrà che fare loro bene!»

Queste le ragioni per cui tutti quanti noi cinque della banda degli imbattibili siamo stati iscritti.

Devo dire che la parte sulla tecnologia, per intenderci niente videogiochi e neppure TV, un po' ci indisponeva. Ma d'altra parte l'idea di quella settimana diversa dal solito e tutti insieme non ci era dispiaciuta. Tutto considerato i vantaggi erano più degli svantaggi. L'avevamo trovata un'alternativa divertente alle solite vacanze sempre con i genitori a sollecitare l'esecuzione dei compiti per il rientro a scuola. E tra le attività del camp c'era ogni sera l'appuntamento davanti al camino a raccontare storie. Era stato divertente, almeno fino a quella sera, quando è stato il turno di Filippo...

Filippo era un bambino minuto e timido, faceva la quarta come me e Mariam ma andava in un'altra scuola. Devo ammettere che fino a quel momento non mi ero quasi accorta della sua presenza al camp. Solo Nicolas aveva parlato con lui, e poi ci aveva spiegato che non aveva, come noi, un gruppo fidato di amici. Aveva confessato a Nicolas che i suoi genitori lo avevano mandato al camp perché speravano che potesse fare nuove amicizie. Ma fino a quel momento aveva continuato a stare quasi sempre per conto suo.

«Chi sa una storia di paura?» chiese quella sera Alex, uno dei nostri educatori, guardandoci con aria di sfida.

«Io. Io ne so una.» La voce di Filippo, sottile ma chiara e penetrante, mi fece girare incuriosita. La sentivo per la prima volta.

«È una storia vera» aveva subito precisato «ed è accaduta a Castel del Toro tanto tempo fa, nel bosco che inizia al limitare del paese.»

A quel punto ci guardò uno a uno con uno sguardo di sfida che non mi sarei mai aspettata da uno timido come lui.

Avevamo tutti ben chiaro di che bosco si trattasse. Era lo stesso che vedevamo, lontano e misterioso, dalla finestra della stanza dove ora ci trovavamo. E non ci eravamo ancora mai andati, né da soli né con gli educatori.

Era sceso un silenzio pieno di attesa e Filippo cominciò a raccontare.

«*C'era un gruppo di cinque bambini che giocavano nel bosco...*»

La sua voce in quel momento quasi priva di espressione era in contrasto con la minuziosa accuratezza con cui descriveva ogni dettaglio. Il gruppo di bambini di cui parlava, cinque proprio come noi imbattibili, mi sembrava di vederli lì, davanti a me. Ne vedevo le facce divertite e allegre, i capelli che svolazzavano al vento mentre

si lanciavano dai rami degli alberi che scalavano e i vestiti sgualciti e infangati per il tanto giocare. Sentivo le loro risate e i respiri affannati dopo le corse. Era come se Filippo avesse compiuto una magia: ci aveva trasportati nel tempo e nello spazio. Ora eravamo anche noi cinque in quel bosco: Paolo, Mariam, Nicolas, Linda e io.

«*...ma ecco che degli strani scricchiolii si fecero sentire dal buio degli alberi...*»

Avete presente quel formicolare nello stomaco quando sentite arrivare una scena che promette paura? Forse a mettermi in allarme erano stati gli scricchiolii che Filippo aveva riprodotto con noncuranza con la sua voce, che si stava rivelando tutt'altro che monotona, anzi variata come quella di un attore. Sta di fatto che il bosco non mi appariva più uno scrigno pieno di meravigliose sorprese. Sembrava ora nascondere misteriosi pericoli. Non ero solo io ad avere un pizzico d'ansia. Tutti, seduti immobili in circolo, ascoltavano Filippo completamente rapiti. E, mentre i bambini del racconto avanzavano lungo il sentiero, nella mia mente sussurravo "Fermatevi, tornate indietro". E poi è accaduto: il profumo degli alberi all'improvviso è stato sostituito dall'odore acre della paura dei bambini e il frusciare dei loro passi sulle foglie diventato lo scalpiccio di una marcia concitata. In un attimo avevo dimenticato i giochi e le allegre esplorazioni e ora seguivo la corsa affannata dei bambini del racconto che fuggivano disperati. Sentivo i loro respiri forti come mantici mentre il bosco sembrava essersi trasformato. Si era animato di presenze inquietanti. Filippo continuava a raccontare.

«Tutti e cinque ormai urlavano disperati: Aiuto, qualcosa mi ha sfiorato! Corri! Corri! Scappiamo...»

Anche noi che ascoltavamo, immobili, eravamo senza fiato.

«Poi, ecco, una capanna.»

Con la stessa minuziosa precisione Filippo la stava ora descrivendo. Avevo tirato un sospiro di sollievo: forse questa era la salvezza. Non sapevo quanto mi stessi sbagliando. Infatti, un brivido mi corse lungo la schiena mentre Filippo con la sua voce sottile riproduceva in modo assolutamente reale il cigolio sinistro della porta della capanna che si apriva. E poi continuò.

«Dentro la capanna c'era solo buio e silenzio. E poi ecco un sibilo. E poi un inquietante soffio. E uno strano ronzio...»

Sentivo i respiri dei bambini raspare lungo le loro gole. Immaginavo i loro occhi ormai abituati all'oscurità che si facevano enormi per il terrore. È stato a quel punto che il mio cuore ha preso a correre come un treno a vapore impazzito. Ed era così forte il rimbombo nelle orecchie che ho smarrito alcune parole del racconto.

«Nessuno ha mai più visto i cinque ragazzini.»

Stava ora concludendo Filippo di nuovo con un tono piatto e incolore. Nella stanza era sceso un silenzio gelido. Anche il camino aveva smesso di scaldare.

«Beh, siete anche voi spariti nel bosco?» Il tono divertito, ironico e scanzonato di Alex l'educatore servì a sciogliere la tensione. «Bravo Filippo, è stata una bellissima storia. Guardali, sono rimasti tutti a bocca aperta. Forza, si è fatto tardi, è ora di andare tutti quanti a letto.»

In silenzio, frastornati da quanto avevamo ascoltato, abbiamo lasciato il grande stanzone. E io, una volta rimasta da sola con i miei pensieri, non ho potuto far altro che cercare rifugio sotto le coperte. Il buio, soprattutto quella sera, non era un amico, e non solo per me.

Forse fu un caso ma quella notte rimase accesa una piccola pila accanto a ogni letto.

Oggi o mai più

«Sei sveglia? Ehi, Norma, sei sveglia?»
L'abitudine di mia cugina Linda di strapparmi al sonno chiedendomi se sono sveglia, quando è più che evidente che sono persa nel mondo dei sogni, è una cosa che non sopporterei da nessun altro. Soprattutto dopo una notte come questa. Conoscete Polifemo, il ciclope di Ulisse con un solo occhio? Anch'io avevo sollevato stancamente una sola palpebra per ritrovarmi a fare, un istante dopo, un salto, quasi battendo la testa sul soffitto del mio letto a castello. Dall'alto, due occhi mi fissavano. Era Linda che ora mi scrutava impietosamente sporgendosi dal letto superiore, con occhi che mi sembravano grandi come soli accesi. E questo per colpa di un bastoncino. Avete capito bene. Era un bastoncino troppo corto che mi aveva messo in quella spiacevole situazione.

Tutto è successo all'inizio di questo camp. Appena arrivati alla cascina che ci ospitava siamo stati divisi in piccoli gruppi, assegnati alle rispettive camere e lasciati liberi di scegliere il posto letto. Linda e io eravamo nello stesso gruppo in una stanza al secondo piano e, al momento di scegliere la postazione, ci siamo trovate a pretendere entrambe la parte superiore del letto a castello: il posto da regine, lo definisce lei, o da vedetta dico io.

Ed è qui che interviene la faccenda del bastoncino. Avete presente la situazione in cui vince chi estrae da un mazzo il più lungo? Subito abbiamo cercato alcuni rametti in giardino e quel posto in alto ce lo siamo giocato. Non sono stata io, come avete intuito, a vincere.

Ed è per questo che quella mattina Linda se ne stava affacciata proprio sopra di me, e mi guardava divertita. Lo vedevo dal suo sguardo che stava tramando qualcosa. E ne ho avuto conferma pochi istanti dopo quando, definitivamente sveglia, vestita di tutto punto, mi sono preparata a raggiungerla nel grande stanzone dove era pronta la colazione. Lei si era vestita rapidamente come fa di solito. Io avevo messo più tempo per legarmi i codini alti come piace a me. Dopo aver fatto uno sbuffo d'aria per far volare un'ultima ciocca ribelle scappata agli elastici, ho iniziato a scendere le scale. La stanza era la stessa di ieri sera, eppure sembrava diversa. Le grandi finestre lasciavano passare tutta la luce del giorno. Si sentiva il cicaleccio allegro di tutti i "campisti" con un sottofondo piacevolmente familiare di tazze tintinnanti, un contorno di profumo di latte fresco e biscotti appena sfornati, i colori delle marmellate fatte in casa con le albicocche del giardino, le fragole dell'orto e le more del bosco.

Mi sentivo già l'acquolina in bocca all'idea dell'energia che mi avrebbe dato quella succulenta colazione. Subito mi ritrovai a pensare quanto fossimo stati sciocchi ieri

a farci spaventare dal racconto di Filippo. Si trattava di una storia, nulla più! Era proprio vero che il buio è capace di giocare brutti scherzi, facendo apparire pericoloso anche ciò che non lo è. Mariam, Paolo, Nicolas e Linda erano già tutti seduti attorno al nostro solito tavolo. Mancavo solo io.

«Dormito bene dopo la paura che ti sei presa ieri?» mi chiese Linda con una smorfia divertita, mentre posava la sua tazza di latte.

«Io benissimo. E tu piuttosto, che stamattina eri già sveglia?» le risposi, anche se sapevo che non avrebbe detto mai la verità ma solo quello che voleva far credere agli altri: di essere immune a qualsiasi paura.

«E voi?» continuai rivolta al resto del gruppo.

«Insomma...» rispose timidamente Mariam, come sempre la più impressionabile tra di noi, mentre gli altri facevano incomprensibili mugugni accompagnati da alzate di spalle.

«Io ho un'idea» tagliò corto Linda.

«E quale sarebbe?»

Sapevo, dal guizzo che avevo visto nei suoi occhi, che si trattava di un'idea delle sue, certamente azzardata e fonte di sicure e forse pericolose avventure.

«Perché non andiamo a esplorarlo davvero, il bosco? Siamo o non siamo gli imbattibili? Approfittiamo dell'ora di libertà che ci lasciano dalle attività organizzate. Oppure, andiamo dopo pranzo, quando tutti riposano.»

Era evidente che Linda aveva già pensato a tutti i dettagli di un piano.

Sul tavolo si spalmò all'improvviso un silenzio denso come melassa.

«Andiamo,» continuò «e sono anche sicurissima che non troveremo nessuna misteriosa capanna nascosta tra gli alberi.»

«Ma sei impazzita?» strillò a quel punto Mariam che già tremava come una foglia solo all'idea.

«Ssshhh» fece Nicolas. «Abbassate tutti quanti la voce o ci sentiranno!»

«Impazzita un corno!» sibilò allora Linda come un cobra

pronto all'attacco. «Mariam, non avrai davvero creduto a quella storia di Filippo? Sembri una bambina che ha paura di perdersi nel bosco come Biancaneve o un altro che so io nelle favole. Vedi bene che noi non siamo dentro una favola.»

E mentre pronunciava sottovoce queste parole indicava con lo sguardo lo stanzone rustico con la tavola di legno che non aveva nulla del castello di un Principe Azzurro, gli altri bambini che chiacchieravano e ridevano senza sembrare i sette nani e l'animatrice Luisella che stava mangiando una mela senza avere proprio per niente l'aspetto di una strega.

«Non sono una bambina che si spaventa per un racconto» ribatté Mariam piccata, tradita però dalla voce incerta «è che… è che mi sembra una pazzia andare da soli nel bosco e senza permesso.»

«Ma quale pazzia può essere fare una passeggiata innocente!» incalzò Linda guardando ora Paolo e poi subito me. Sapeva che davanti a una sfida noi due non ci saremmo mai tirati indietro.

«La giornata oggi è davvero bella…» aggiunse Paolo con un tono quasi innocente come se non stesse caldeggiando una cosa che sapevamo bene tutti quanto fosse proibita: allontanarci da soli dalla cascina. La nostra tavolata era ora immersa in un silenzio perplesso.

«Oggi è l'ultimo giorno. Oggi o mai più» riprese implacabile Linda, e cercò lo sguardo di ognuno di noi.

Mentre Mariam si faceva sempre più piccola, a sorpresa intervenne Nicolas, forse per fare lo spavaldo e non ammettere di avere anche lui un po' di paura.

«Ha ragione Paolo. È l'ultimo giorno e la giornata è bellissima. Sarebbe davvero perfetta per andare a caccia della capanna infestata da creature misteriose» lo disse quasi per scherzo, ma provò ad aggiungere, evidentemente già pentito della sua sortita «Potremmo comunque restare qui vicino, senza inoltrarci troppo nel bosco. Così possiamo essere di ritorno prima che qualcuno possa notare la nostra assenza.»

Ma il suo intervento fece di nuovo arrabbiare, o piuttosto impaurire, Mariam.

«Neanche per sogno! Siete tutti impazziti? La trovo una pessima idea. Prima di tutto come facciamo ad allontanarci senza farci vedere? E poi, dove pensate di andare a cercare quella capanna? Io… io non vengo!»

«Non essere sciocca!» la incalzò Paolo «Cosa pensi possa accadere? È solo un bosco, nella realtà non ci sono creature misteriose, al massimo troveremo qualche fragola selvatica! Dai non puoi non essere dei nostri!»

Il solito cane pastore che voleva tener riuniti tutti gli amici.

«Tu che cosa ne pensi, Norma? Non hai ancora detto nulla» osservò Linda.

Li guardai a uno a uno negli occhi. La decisione in cuor mio l'avevo già presa. Mi fermai un attimo intrecciando il mio sguardo con quello di Mariam e poi sbuffai. Scossi i codini.

«Non possiamo perderci questa occasione. Oggi è l'ultimo giorno prima di ritornare tutti a casa. Ha ragione Paolo, la giornata è bellissima e come dice Nicolas è perfetta per andare a caccia della capanna, che, Mariam, sia o meno infestata da creature misteriose. Dopo pranzo, quando tutti riposano, noi partiamo!»

Nel bosco

«Non c'è nessuno. Andiamo!» sussurrò Paolo, rientrando nel salone dopo il suo giro di ispezione.

«Sei sicuro? Non ci cercheranno?» La voce preoccupata era quella di Mariam.

«Sicurissimo! È il momento perfetto! Ora Alex e Luisella sono entrati nella stanza degli educatori per la riunione. Di sicuro ne avranno per un bel po'. Ho appena parlato con loro. Quando mi hanno chiesto se non volessimo prima riposarci come tutti gli altri, ho spiegato che avevamo bisogno di stare un po' tra di noi per organizzare qualcosa di speciale per la nonna di Mariam che è tornata dall'Egitto, visto che lei ci prepara sempre delle merende spaziali quando viene in Italia.»

«Mariam, se Paolo gli ha detto così» intervenne ridendo Nicolas «vedrai che un pomeriggio troverai anche loro a casa tua!»

«Forza, non perdiamo tempo» dissi sbuffando e soffiando via i capelli dal viso. «Mentre voi stavate qui ho scoperto come uscire senza essere visti. Seguitemi!»

E senza aggiungere altro raggiunsi il lungo corridoio che portava alle camerate del secondo piano, dove c'era una porta di legno chiusa con un chiavistello. La aprii e ci trovammo davanti a una stretta scala.

Senza fare rumore iniziammo a scendere in fila indiana i gradini. In un attimo ci ritrovammo sul retro della cascina, in una piccola aia che aveva l'aria di essere decisamente poco frequentata. Davanti a noi, dopo un canaletto asciutto, si apriva un prato e poi eccolo lì, il bosco.

«Ci siamo tutti?» chiesi «Siete pronti?»

«Prontissimi.» Fecero quasi in coro Linda, Nicolas e Paolo. Mariam non disse niente, impegnata com'era a mettersi sulle spalle lo zaino.

«Mariam che fai?» chiese Nicolas premuroso accorgendosi del voluminoso ingombro che l'amica si stava preparando a portare. «Mica stiamo via giorni…»

Gli occhi di Mariam sembravano dire *Questo lo pensi tu*... ma invece disse solo: «Ho preso qualcosa da mangiare, così se ci viene fame…». E lo disse con un tono stranamente imbarazzato…

«Mhhmmm… così abbiamo anche la merenda! Questa sì che è una bella idea» commentò entusiasta Nicolas dando voce al suo lato goloso.

E così, guardandoci attorno per sincerarci che nessuno ci vedesse, noi imbattibili iniziammo tutti insieme la nostra nuova avventura nel bosco.

Il prato era bellissimo, profumava di primavera e tra le spighe appuntite dei forasacchi spiccavano il bianco delle margherite, il blu dei fiordalisi, il giallo dei fiori dei denti di leone mescolato ai piumini chiari e trasparenti dei soffioni che il giorno prima ci divertivamo a far volare nell'aria.

Il giorno prima, era stata come sempre Mariam, la nostra esperta botanica, a spiegarci tutto.

«È il fiore giallo del dente di leone che si trasforma in una specie di piumino, che poi non è nient'altro che l'insieme dei suoi semi pronti a disperdersi nel vento.»

Aveva anche detto che se si esprimeva un desiderio e si soffiava forte per far volare tutti i semi, il desiderio si sarebbe esaudito subito. Ma oggi Mariam camminava silenziosa accanto a me e fui certa di quanto fosse preoccupata perché non fece alcun commento sui colori e profumi del prato. Invece io avrei voluto proprio ora raccogliere e spiumare con un solo fiato un soffione per far avverare il desiderio di trovare la misteriosa capanna e svelarne il mistero.

Quella storia mi aveva proprio intrigato. Ma gli altri avevano già raggiunto il bosco e sbracciandosi ci facevano segno di raggiungerli.

Il bosco era fittissimo e pieno di rovi e sembrava impossibile trovare un passaggio.

«Guardate. Di qui si può passare.»

Nicolas aveva scovato un piccolo sentiero. Era stretto ma perfetto per noi bambini imbattibili. Così uno dietro l'altro entrammo finalmente nel bosco. Per i primi minuti i nostri passi furono accompagnati da un cicaleccio eccitato. Ce l'avevamo fatta, eravamo fuggiti senza che nessuno ci scoprisse. Camminavamo ridendo e scherzando.

«Guarda, sono Tarzan.»

Paolo era salito su un albero e da un ramo cercava di scrutare il bosco davanti a noi.

«Vedi qualche bestia feroce da lassù?» chiese divertito Nicolas «Leoni, tigri, rinoceronti?»

«Dai, smettetela! Sembrate i bambini della storia di Filippo.» Era la prima volta che si sentiva la voce di Mariam, che per tutto il tempo se ne era stata in fondo alla fila, in silenzio.

«Erano cinque. Come noi...»

Le rispose Nicolas con una voce cavernosa da film horror. E poi ridendo rincorse Paolo che con un balzo era sceso dall'albero e avanzava veloce tra gli alberi. Improvvisamente sentimmo un rumore provenire dalla parte più fitta del bosco.

«Avete sentito?» fece Linda. «Sarà stato qualche animale che si muoveva tra i rami laggiù...»

Paolo ora camminava più lentamente per restare vicino a noi.

«Doveva essere un animale davvero grosso...»

«Beh, ma ora c'è solo silenzio» continuò Linda. «Sarà caduto un grosso ramo. Non facciamoci suggestionare, forza, proseguiamo.»

Ma in quel momento il rumore si ripeté dietro di noi, più forte e più vicino. Seguito subito da un altro e da un altro ancora. Senza dirci nulla e non sentendoci più così imbattibili tutti e cinque cominciammo a correre in avanti lungo il sentiero come gazzelle di Thomson, uno dei mammiferi terrestri più veloci, avrebbe commentato Mariam, esperta anche di animali, se la sua lingua non fosse stata paralizzata dalla paura. Correvamo a perdifiato senza preoccuparci dei rami e dei rovi che ci graffiavano le braccia e il viso. Il cuore rimbombava nelle orecchie così forte che non sentivamo nemmeno più i rumori del bosco. Continuammo così per pochi minuti, un tempo oggettivamente breve ma che in quella situazione ci sembrò lunghissimo, finché ci trovammo in una piccola radura.

«Cos'era? Chi era? Lo abbiamo seminato?» chiese Paolo, le mani appoggiate alle ginocchia nel tentativo di riprendere fiato.

«Non sento nulla, forse ce l'abbiamo fatta!» rispose Nicolas. «Non ce la facevo più a correre.»

Per un po' restammo in silenzio. Effettivamente non si sentiva più alcun rumore.

«Guardate!» disse Nicolas indicando un albero poco lontano da noi. «Uno scoiattolo!»

Era bellissimo, con la coda scura arrotolata all'insù come Cip e Ciop dei cartoni animati. Si muoveva velocissimo, sembrava uno spiritello senza peso, eppure le piccole vibrazioni dei suoi salti fecero cadere un ramo secco.

«Che sciocchi siamo stati!» ridacchiò Nicolas. «Ci siamo spaventati invece erano solo dei rami caduti».

Ci guardammo imbarazzati e poi subito scoppiammo tutti a ridere. Ma alzando gli occhi per vedere lo scoiattolo ci accorgemmo che delle nuvole nere stavano avanzando minacciose sopra di noi.

«Ci conviene tornare o cercare un riparo» osservò Mariam preoccupata.

«Non di certo qui sotto gli alberi» commentò Nicolas nella versione tipo Wikipedia per cui lo chiamavamo Nicolaspedia. «Quando ci sono temporali bisogna starne lontano perché potrebbero essere colpiti da un fulmine.»

«Ok, rientriamo» dissi sbuffando e scuotendo i codini «ma nel bosco ci torniamo. Questo è un posto incredibile!

Possiamo continuare a cercare la capanna oppure ne costruiamo una noi che ci servirà come base per esplorare il bosco la prossima volta che veniamo al camp!»

«Bella idea!» commentarono in coro Linda, Nicolas e Paolo. Mariam non mi aveva nemmeno sentito e stava scrutando il bosco.

«È da qui che siamo venuti?»

Già. Nella corsa non avevamo fatto caso alla direzione e ci rendemmo conto, solo in quel momento, che non avevamo idea di quale strada prendere per tornare. Ci avviammo incerti, cercando di evitare i rami caduti e i rovi, con la spiacevole sensazione di procedere a casaccio con continui giri e deviazioni. Gli alberi erano tutti uguali ed era impossibile capire dove fossimo già passati.

«Non c'è nessun segnale di quelli che ho lasciato» disse Mariam trattenendo a stento le lacrime. «Mentre camminavamo ho lasciato cadere della ghiaia che avevo raccolto nell'aia della cascina prima di partire e che avevo nascosto nello zaino» proseguì «e quando l'ho finita ho usato i biscotti che avevo portato per merenda sbriciolandoli man mano che camminavamo...»

«Hai buttato i biscotti?!» chiese esterrefatto Nicolas non capacitandosi che l'amica avesse potuto sprecare così dell'ottimo cibo.

«Sì, però per terra non è restata nessuna briciola...» concluse Mariam tirando su col naso.

«Ma non te la ricordavi la fiaba di Pollicino?» le chiesi incredula. «Gli animali del bosco si sono mangiati le briciole. Ovvio.»

«Me la ricordo, ma non pensavo se le mangiassero così in fretta. E poi la ghiaia l'avevo finita, non avevo altro nello zaino...»

«Va beh» intervenne Linda. «Non stiamo qui a piangerci addosso. Continuiamo a camminare e prima o poi troveremo il sentiero per il camp.»

Ora procedevamo in un silenzio pesante come un macigno sotto un cielo sempre più nero quando all'improvviso scorgemmo un cascinale. Eravamo salvi! Di sicuro avremmo trovato qualcuno in grado di aiutarci. Correndo raggiungemmo il cancello di una recinzione che sembrava chiudere la proprietà. Un grosso cane nero sbucò all'improvviso abbaiando. Difesi dalla recinzione provammo a chiamare, sperando che ci fosse qualcuno, ma la risposta fu solo il ringhiare minaccioso del cane.

«Qui non c'è nessuno!» sbottò Linda. «Seguiamo la strada sterrata che parte da qui, ci porterà da qualche parte. Di sicuro lontano dal bosco. E da questo cane.»

Seguimmo il suo consiglio e ci avviammo lungo la strada bianca, sempre guardando preoccupati le nuvole che si avvicinavano, sempre più nere.

«Guardate!»

Paolo ora stava indicando un albero carico di fiori bianchi. Senza capire guardammo prima l'albero e poi Paolo. Tutto quell'entusiasmo era incomprensibile per qualche ramo fiorito. Soprattutto in quel momento e con la pioggia che cominciava a cadere.

«Guardate, guardate!» insistette lui sempre più entusiasta. «Quello è il ciliegio di nonno Osvaldo! Siamo salvi! Il nonno sarà sicuramente a casa!»

E senza farcelo ripetere ci mettemmo a correre. Ma ancora non sapevamo cosa ci aspettava.

Nonno Osvaldo

Le sfuriate degli adulti le conoscete benissimo anche voi. Io le classifico di due tipi, quelle tutte urla e strepiti, che a me mettono soprattutto una gran voglia di dire la mia, anche a costo di peggiorare la situazione, e quelle gelidamente silenziose che invece mi lasciano le parole intrappolate in bocca e il cuore pesante. Ecco, tutto questo per dire che Osvaldo, il nonno di Paolo, era gelidamente arrabbiatissimo. «Cosa vi è saltato in mente?»

Parlava piano, scandendo ogni sillaba. Il suo sguardo era più duro del ghiaccio artico. Noi, che eravamo felici di aver trovato un luogo conosciuto dopo quel vagare nel bosco, e ancora più di avere un tetto sopra la testa mentre il temporale si scatenava con una pioggia scrosciante, rimanemmo senza parole. Ogni residuo di entusiasmo per l'avventura finita bene era evaporato all'istante come una spruzzata d'acqua sotto il sole di agosto. Ci stringemmo gli uni agli altri, forse per scaldarci un po'

davanti a quella freddezza o forse per cercare di ritrovare in quel contatto l'emozione e la gioia che avevamo provato ideando quella fuga. Già, cosa ci era saltato in mente? La domanda di nonno Osvaldo, lo sapevamo, non prevedeva una risposta e in fondo nessuno di noi aveva il coraggio di spiegare cosa ci fosse saltato in mente, perché ci fossimo avventurati nel bosco, da soli e di nascosto. Se avessimo detto che volevamo cercare la capanna infestata dagli spiriti di cui ci aveva parlato un compagno del camp, sicuramente avremmo ulteriormente complicato la nostra situazione. Così, ci sembrò più saggio rimanere muti.

«Avete idea di cosa ci avete fatto passare?» stava intanto dicendo il nonno. «Quando gli educatori del camp hanno chiamato i vostri genitori avvisando che eravate scomparsi, e poi loro hanno avvisato me sapendo che abitavo vicino al camp, tutti abbiamo pensato al peggio! Ora sedetevi e non muovetevi mentre avviso tutti che per fortuna siete qui.»

In silenzio ci stringemmo attorno al tavolo della cucina senza quasi avere il coraggio di guardarci negli occhi. L'avevamo combinata grossa. Il nonno Osvaldo nell'altra stanza parlava al telefono, un vecchio telefono che teneva sul tavolino accanto all'ingresso.

«Sapete» ci disse Paolo «il nonno ha un computer ma non si è mai rassegnato a tenere un cellulare.»

Ora, lo sentivamo mentre in un tono calmo e rassicurante diceva di stare tranquilli, che eravamo al sicuro, che stavamo tutti bene e che potevano venirci a prendere, senza fretta, appena il temporale si fosse quietato. Poi, chiuso il telefono, rimase sulla porta della cucina a osservarci in silenzio. A me parve di vedere le sue labbra stirarsi in un mezzo sorriso. Così trovai il coraggio di sussurrare:

«Ci dispiace. Ci dispiace tanto. Non volevamo farvi spaventare. Volevamo solo esplorare un po' il bosco e l'idea era di tornare subito al camp. E invece...»

E mi fermai. Nonno Osvaldo ora si era seduto a capotavola e ci fissava a uno a uno.

«E invece? Continua.» chiese fissando i suoi occhi nei miei. Accade sempre così, alla fine finisco sempre io al centro dell'attenzione, forse perché sono la più alta del gruppo o forse per via dei miei due codini che si agitano. Ora per di più ero stata l'unica ad avere il coraggio di parlare.

«E invece ci siamo persi...»

E sbuffai facendo volare i capelli, pronta a ricevere una ramanzina con i fiocchi. E con me, lo sapevo, erano pronti anche gli altri. Invece nonno Osvaldo ci sorprese.

«State tutti bene? Nessuno si è fatto del male?»

Rispondemmo con dei cenni timidi del capo, le parole se le era portate via lo stupore per quella sua reazione così calma.

«Sono contento di vedervi tutti sani e salvi» continuò

«e sono contento di avervi qui. Ma preparatevi a una bella strapazzata quando arriveranno i vostri genitori. Avete fatto preoccupare tutti. Pensate allo spavento di Alex e Luisella, i vostri educatori, quando non vi hanno più trovato. Vi rendete conto che il vostro comportamento ha ferito delle persone che erano responsabili per voi e che vi avevano dato fiducia? La fiducia è qualcosa di molto prezioso.»

E si zittì lasciandoci misurare il peso di quelle parole. Tutti noi fissammo il legno lucido del tavolo senza dire nulla.

«Quando si architetta un'avventura» riprese poi con voce grave «per quanto bella ed entusiasmante sia, si deve sempre pensare alle conseguenze delle nostre azioni.»

Fece una pausa e proseguì con tono più leggero.

«Ma è sbagliando che si impara, no? La cosa importante è farne tesoro. Sono sicuro che questa esperienza non la dimenticherete.»

A questo punto si alzò, fece un sorriso e con tono allegro disse qualcosa che non ci saremmo proprio aspettati.

«E ora. Chi ha fame?»

Lo guardammo tutti stupiti mentre, senza aspettare una nostra risposta, si avvicinava alla credenza. Ritornò pochi istanti dopo con un cestino colmo di grosse fette di pane e un tagliere con una forma di formaggio.

«Ecco qua. Ha finito da poco la stagionatura, è il formaggio fatto con il latte delle mie capre.»

Stagionatura? Latte di capra? Vedendo le nostre facce perplesse e incuriosite il nonno fece una risata.

«Bambini di città! Pensavate che il cibo nascesse nel supermercato? Quando avete finito la merenda andiamo a scoprire un po' di natura.»

L'avventura ci aveva messo una gran fame e ci fiondammo come cavallette sul pane e sul formaggio. Poi, ancora masticando gli ultimi bocconi, andammo dalle caprette. E scoprimmo che il nonno aveva anche delle galline che razzolavano libere e due morbidissimi coniglietti.

«Appena smette di piovere» disse il nonno «vi porto nell'orto a raccogliere un po' di fragole. Purtroppo, quest'anno sono davvero poche, la stagione è stata molto secca e le coltivazioni ne hanno risentito. Temo» proseguì guardando Paolo «che sarà anche difficile riuscire a far crescere le tue amate angurie.»

Anche noi eravamo golosissimi di angurie. E il ricordo delle mangiate estive sputacchiando semi d'anguria, per un attimo, purtroppo solo per un attimo, ci fece dimenticare la strigliata che presto ci sarebbe toccata in sorte all'arrivo dei nostri genitori.

Studiando la mappa

«Io vado.»
Mio fratello Pio, con cui mi tocca condividere gli spazi casalinghi, era affacciato alla porta della mia stanza e, con un sorriso malefico da "terribile" qual è sempre stato, stava ripetendo «Io vado, eh! La mamma mi porta al parco.»

Poi, calzando l'immancabile cappellino azzurro, quello che gli aveva regalato il nonno quella volta che erano andati al mare loro due soli, mi lanciò uno sguardo perfidamente soddisfatto. Non doveva sembrargli vero che per una volta fossi io in punizione e non lui.

Ora vi spiego a che punto della storia che vi sto raccontando eravamo. Il camp nella natura si era miseramente concluso, come ci si poteva aspettare, interrotto nell'esatto istante in cui i nostri genitori erano venuti a prenderci a casa del nonno di Paolo. La sfuriata era stata di quelle leggendarie, anche perché alla cascina di nonno Osvaldo gli adulti erano arrivati in massa: Luisella e Alex, gli educatori, che si erano accontentati delle nostre scuse, e tutti i genitori: i miei, quelli di Paolo, di Linda, di Nicolas, di Mariam. Ed era venuta persino sua nonna, appena tornata dall'Egitto. Lei era stata per così dire dalla nostra parte, un po' come nonno Osvaldo.

Aveva persino portato per addolcire gli animi dei buonissimi biscotti egiziani che diceva fossero conosciuti già all'epoca dei faraoni. Li ha chiamati in un modo che non ho capito finché Mariam non me lo ha ripetuto lettera per lettera sussurrandomi all'orecchio: K-A-H-K. Ma niente da fare. I genitori quel giorno ebbero solo da dire sulla nostra avventura, o meglio, come l'hanno definita uno dopo l'altro usando varie parole, sulla nostra bravata, imprudenza, incoscienza, stupidaggine, e mi fermo qui. Per concludere ci hanno comunicato la punizione su cui si sono trovati tutti d'accordo: per una settimana niente giochi insieme al parco. Quindi, tornando a mio fratello, decisi che non meritava una risposta e ignorandolo mi girai verso Cartesio, il nostro gatto, placidamente acciambellato sul mio letto.

«Noi ce ne stiamo qui buoni buoni, vero Cartesio?»

Il gatto aprì un occhio e dal suo sguardo tra l'insonnolito e il perplesso era evidente che non era così convinto che me ne sarei stata "buona buona". In effetti, visto che non potevo andare al parco con gli altri, avevo tempo per pensare, e aveva cominciato a frullarmi in testa un'idea. Come mai l'orto del nonno si era trovato senz'acqua? Al parco non potevamo andare, ma a scuola durante l'intervallo sì e fu così che comunicai a tutti la mia perplessità.

«È il primo anno che manca l'acqua» osservò Paolo che

la fattoria del nonno la conosceva bene «hai ragione, deve proprio essere successo qualcosa»

«Dobbiamo indagare…» disse Linda, appassionata lettrice di libri gialli. Non le sembrava vero di poter ora essere la protagonista di una vera storia di investigazione. «E se ci fosse qualcuno che ruba l'acqua?»

Ladri d'acqua? E non bastava il mistero della capanna che ci aveva già procurato tanti guai? Forse Linda di libri gialli ne leggeva troppi…

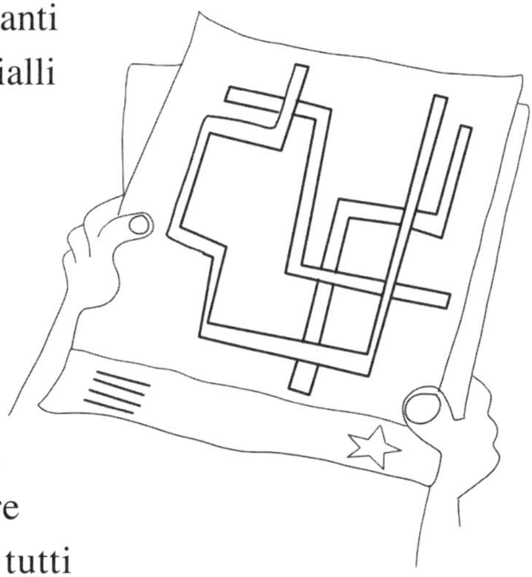

«Ladri o no, dobbiamo approfondire» proseguì Linda. «Saremo imbattibili anche come detective!»

Ci scambiammo sguardi di intesa, sul fatto di essere imbattibili concordavamo tutti quanti. E così decidemmo che, ognuno a casa sua, avremmo cominciato a indagare. Poi a scuola avremmo impegnato tutti gli intervalli per condividere.

Il primo risultato lo ebbe Nicolas che sul sito del comune riuscì a trovare e a stampare una mappa delle aree agricole di Castel del Toro. Ci mostrò come si vedeva bene tutta la rete dei canali, tante linee azzurre.

«Basterà cercare quelli che arrivano al campo di nonno Osvaldo.»

«Non mi ero mai reso conto di quanti canali ci fossero!» osservò Paolo. La sua voce si fece perplessa: «Però sulla mappa le canalizzazioni più piccole non sono segnate.»

«Che cosa vuoi dire?» chiese Linda.

«Qui» e indicò un punto della mappa «si dovrebbe trovare la cascina del nonno. Non c'è nessuna linea azzurra, ma l'acqua arriva. Ho chiesto ai miei genitori e mi hanno confermato che il nonno non ha mai avuto problemi di acqua grazie alla roggia.»

«Che cos'è una roggia?» chiese Mariam.

«Un piccolo canale creato dall'uomo per trasportare l'acqua dai fiumi, dai laghi o dalle sorgenti» spiegò Nicolas-Nicolaspedia. «Le rogge convogliano l'acqua alle coltivazioni e grazie a delle specie di paratie possono essere aperte o chiuse a seconda del bisogno.»

«Quindi» concluse soddisfatta Linda all'idea di dover andare a caccia di tracce e indizi «se al campo del nonno arriva una roggia che qui sulla carta non è segnata, dobbiamo indagare andando sul posto».

Ci guardammo negli occhi.

«E i nostri giorni di punizione finiscono domani!»

Dov'è l'acqua?

In realtà, finivano i giorni di divieto di trovarci tutti nel parco, ma i nostri genitori avevano pensato bene di assegnarci una seconda "punizione" o meglio quella che loro pensavano fosse una punizione. Avevano deciso che avremmo dovuto aiutare il nonno di Paolo alla fattoria a curare l'orto. In realtà era stato proprio nonno Osvaldo a proporre questa idea.

«Hanno fatto quella bravata senza pensare al dopo, alle conseguenze. Qui in campagna potranno abituarsi a non pensare solo ai desideri da soddisfare oggi e subito. Curando l'orto, vedranno che le scelte su cosa fare oggi, tradotte in piccoli gesti di cura di una piantina, hanno come conseguenza vederla crescere e domani fare frutti.»

Queste parole un po' difficili del nonno le aveva ripetute mia mamma in un dialogo al cellulare in viva voce tra i genitori, che avevo orecchiato. Ma loro non sapevano che andare alla fattoria per noi imbattibili era l'occasione per indagare e scoprire il mistero dell'acqua scomparsa! Così, nel fine settimana ci siamo ritrovati tutti e cinque alla cascina.

«Siete pronti?» aveva chiesto nonno Osvaldo appena abbiamo posato le bici nell'aia. «Lì ci sono tutti gli strumenti» e indicò un capanno ai bordi dell'orto.

Disposte in perfetto ordine c'erano zappe, zappette, forconi, rastrelli, carriole, secchi, annaffiatoi e guanti da giardinaggio. In un angolo c'era anche un vecchio attaccapanni in ferro sul quale erano appesi cappelli di paglia di ogni foggia e stile, molti sfilacciati e consumati dall'uso ma che calzavano perfettamente sulle nostre teste. Per indossare il copricapo che avevo scelto per me, che aveva una tesa larga e un po' sbilenca, mi sciolsi codini lasciando i capelli liberi e il cappello, messo insieme ai grossi guanti da giardinaggio e alla mia altezza da spilungona, mi fece sembrare un po' uno spaventapasseri.

Trovai che quel travestimento fosse decisamente divertente. Ero fierissima del mio nuovo look.

«Forza, seguitemi!» Sul volto di nonno Osvaldo si disegnò un lieve sorriso mentre spingeva una carriola carica di zappe e vanghe. Dovevamo essere in effetti molto buffi mentre lo seguivamo come un'insolita processione. In testa c'ero io col mio grande cappello, i guanti e un rastrello che sembrava un albero che svettava sopra la mia testa. Dietro di me Nicolas portava delle zappette. Dietro di lui Linda trasportava una batteria di guanti da lavoro che probabilmente sarebbero andati bene per un'intera squadra di calcio. Mariam aveva scelto un grande annaffiatoio. L'attrezzo più pericoloso per noi bambini per via del suo rullo dentato, il frangizolle, il nonno lo affidò a Paolo che, già esperto delle regole di sicurezza in campagna, lo tenne sulla spalla con le rotelle bene in alto.

Il pomeriggio nell'orto si rivelò decisamente entusiasmante. Qui le carote, là le cipolle e un sacco di altre cose strane.

«Ma cosa sono questi cespugli?» aveva esclamato Linda stupita davanti a un intrico verde.

«Questi cespugli, come li chiami tu, sono le piante che daranno come frutti le zucchine» spiegò il nonno «e hanno bisogno di un terreno ben lavorato. Ora, Paolo, raschia un po' il terreno attorno così i tuoi amici lo possono liberare dalle erbacce.»

Mariam, intanto, la nostra esperta di fiori, girava dappertutto, curiosa di tante piante che non conosceva.

«Senti che profumo!»

Aveva sfiorato un grosso cespuglio con tante minuscole

foglie verdi e piccoli fiorellini bianchi.

«Quello è il timo, poco lontano trovate il rosmarino, la maggiorana, la menta e l'origano. Questa è la zona riservata alle piantine di odori per la cucina, ognuna con il suo aroma. Ecco là il basilico» proseguì il nonno staccando una foglia e sfregandola dolcemente tra le dita. «Appena è un po' più folto ne raccogliamo un po' la mattina quando è più profumato e ci facciamo un buon pesto.»

«Il pesto? Che cos'è?» chiese Mariam.

«È un condimento tipico della Liguria» le rispose Nicolas che, se si parlava di cibo, non si tirava mai indietro. «Si chiama così perché per farlo si pestano insieme tante foglie di basilico con pecorino o grana, una manciata di pinoli, e un po' di olio degli uliveti che ci sono là fino a ottenere una crema verde. Una volta che vieni al mare con noi ti faccio assaggiare le trofie al pesto, una ricetta tipica di quella regione. Buonissime!»

«Perché aspettare le vacanze estive? Appena l'orto comincia a dare i suoi frutti» intervenne il nonno «organizziamo una bella festa nell'aia e prepariamo dei piatti con le verdure che avete aiutato a crescere voi, con il vostro lavoro. Vi piace l'idea?»

Ci sembrava una proposta fantastica. Così, per tutto il pomeriggio, divertendoci in realtà come matti, ci dedicammo a togliere ogni erbaccia che infastidiva quell'incredibile paradiso di profumi e futuri sapori. Però la terra era molto secca e alcune piantine avevano qualche foglia avvizzita. Così, cercando di raccogliere informazioni in più per la nostra indagine, provammo a fare al nonno qualche domanda: forse c'era poca acqua? Ma lui rispose evasivo, quasi con noncuranza, accennando al periodo poco piovoso. Non sembrava per nulla preoccupato e, per tutta risposta, ci propose di interrompere il lavoro con una bella e meritata merenda. E poco dopo, senza più pensare alla nostra indagine, eravamo sotto il portico ad abbuffarci di fette di pane tostato e condito con olio, sale e origano. Quel pomeriggio ci aveva messo una fame da lupi.

«Finita la merenda potete andare a esplorare un po' la campagna intorno: fate le cose con la testa sul collo eh, non come l'altra volta! E non state via troppo a lungo.»

Nel precisare le condizioni del permesso che ci aveva dato, il nonno ci fece l'occhiolino. Non ce lo facemmo ripetere due volte e partimmo in perlustrazione. Era arrivato il momento di andare a scoprire la roggia di cui avevano parlato i genitori di Paolo e che secondo loro forniva acqua al campo del nonno. La trovammo subito. Era poco lontano dall'orto, ma era completamente asciutta. Ne seguimmo il tracciato continuando l'esplorazione. Seguimmo una rete di piccoli canali che delimitavano i campi coltivati. E tutti erano asciutti. Solo uno, un po' più grande degli altri, aveva un rigagnolo che ne bagnava il fondo. Ne seguimmo il percorso fino a raggiungere il grande ciliegio che ci aveva fatto da guida quando ci eravamo persi nel bosco dopo la nostra fuga dal camp.

«Ma allora là in fondo» esclamò Nicolas «ci dovrebbe essere la casa dove c'era il grosso cane da guardia!»

«Già» aggiunse Linda «quello che non smetteva di abbaiare. Sembrava stesse difendendo il tesoro della regina non una casa deserta...»

«E il canale che dovrebbe alimentare le rogge di questi campi» stava intanto dicendo Paolo «sembra arrivare proprio da là.»

«Andiamo a vedere!»

Nicolas si era già incamminato lungo la strada sterrata che portava alla casa.

«È già passata quasi un'ora. Sarebbe ora di tornare...»

La voce prudente di Mariam ci fece fermare. Forse una volta ci saremmo guardati negli occhi e avremmo proseguito. Ma tra noi e nonno Osvaldo quel pomeriggio si era creato un tacito legame e la fiducia che ci aveva accordato proprio non la volevamo deludere. Così continuando a chiacchierare e a fare congetture tornammo sui nostri passi verso la fattoria.

Ancora la capanna misteriosa!?

Era diventata una tradizione. Tutti i sabati, con il permesso dei nostri genitori, ci davamo appuntamento e andavamo in bicicletta alla cascina di nonno Osvaldo. La cosa aveva insospettito mio fratello Pio. L'attività alla cascina, ne era convinto, doveva nascondere qualcosa di decisamente interessante. Così, più di una volta, aveva cercato di unirsi a noi, ma per fortuna senza successo. Mio fratello può essere molto scomodo da gestire, non per nulla lo chiamiamo "il terribile". I miei genitori avevano chiuso in fretta la questione, con suo grande disappunto.

«Tu sei troppo piccolo per andare fin là con la tua bicicletta.»

È così, sabato dopo sabato, potevamo continuare le nostre investigazioni mentre ci occupavamo dell'orto. Perché, sapete, eravamo orgogliosi di veder crescere le piantine di cui ci stavamo prendendo cura, di ogni nuovo fiore che sbocciava, di ogni seme che diventava pian piano frutto via via che avanzava la stagione e si faceva più caldo. Il nostro orto, perché ormai lo consideravamo proprio nostro, aveva bisogno di acqua. E fu così che cominciammo a comprendere il valore di una risorsa che fino a quel momento avevamo considerato inesauribile. Durante la settimana, a casa, recuperavamo l'acqua con cui veniva lavata la frutta e la verdura, sgridavamo i nostri fratelli se non chiudevano bene i rubinetti dopo essersi lavati le mani e, scatenando qualche lamentela, avevamo preso l'abitudine di snocciolare dati e percentuali come fossimo i navigati conduttori di SuperQuark.

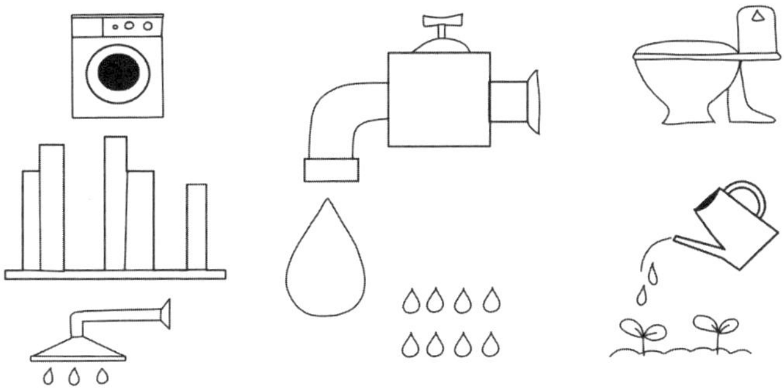

«Si sprecano fino a 12 litri di acqua al minuto se si lascia un rubinetto aperto.»

«Fare la doccia per non più di tre minuti fa risparmiare fino al 75% di acqua!»

«Si risparmiano fino a 30 litri se si chiude il rubinetto mentre ci si lavano i denti.»

Chi, come me, viveva in una villetta, aveva anche cominciato a raccogliere dentro dei bidoni l'acqua piovana che scendeva dalle gronde. Con l'aiuto dello zio di Nicolas che aveva un furgoncino trasportavamo i bidoni pieni d'acqua fino alla cascina del nonno, dove la usavamo per bagnare le piantine del nostro orto. Già. Non avevamo dimenticato il nostro orto e nemmeno le nostre investigazioni. Così, un sabato finalmente tornammo vicino alla cascina del grosso cane nero da cui sembrava partisse il canale che avrebbe dovuto portare l'acqua alla roggia di nonno Osvaldo.

«Vedete è piccolissimo il flusso» osservò Nicolas guardando il misero rigagnolo che scorreva sul fondo del canale. «O c'è qualcosa che ostruisce il passaggio oppure...»

«Oppure avevo ragione io e c'è qualche ladro che ruba l'acqua che dovrebbe passare da qui» intervenne Linda «Dobbiamo riuscire a entrare in quella proprietà.»

«Già, ma il cane?» chiese Mariam.

«Qualcuno verrà a dargli da mangiare. Domani ci dobbiamo appostare per controllare la situazione» esclamai sbuffando e agitando i codini per scaricare un po' l'eccitazione a quell'idea.

Per quel giorno non se ne sarebbe fatto niente. Dovevamo rientrare.

Pedalando verso casa ci fermammo al forno della signora Lina, lungo la strada, perché la mia mamma mi aveva incaricato di comprare un pane speciale che si trovava solo lì. Mentre i miei amici mi aspettavano fuori, e io aspettavo il mio turno in fila, la fornaia stava dicendo a una cliente, mentre le pesava dei piccoli panini che avevano l'aria di essere stati appena sfornati: «Non c'è mai stata tanta penuria d'acqua come quest'anno.»

«È un grosso problema» confermò la signora scuotendo sconsolata la testa. Doveva essere molto vecchia, perché aveva una treccia che girava attorno a tutto il capo come avevo visto dal nonno Osvaldo in una vecchia foto di sua nonna.

«La mancanza d'acqua sta mettendo in pericolo gli orti» continuò la fornaia.

«Ci vorrebbero gli spiriti della fonte» disse la signora con l'acconciatura d'altri tempi «loro si sono sempre presi cura dalla nostra acqua, ma oggi tutti si sono dimenticati della capanna.»

Spiriti? Capanna? Quale capanna? Un campanello di allarme mi si accese in testa. Senza far parola agli altri di quella strana conversazione, anche per non mettere in allarme Mariam parlando di spiriti e non accendere false speranze di mistero in Linda, quella sera digitai in Internet, come mi avevano insegnato a scuola, le parole chiave, cioè quelle che mi avevano incuriosito: spiriti, fonte, capanna. Poi aggiunsi Castel del Toro. Quindi rimasi in attesa. Fu così che mi si aprì una pagina del sito del comune dedicata alle antiche leggende di Castel del Toro.

Diceva così:

"Ai tempi del signore feudatario di Castel del Toro, una sorgente nel bosco alimentava le campagne. La sorgente era così preziosa che un cavaliere del seguito del signore era stato incaricato di custodirla. Per prendersi cura della fonte ed esserle sempre vicino, il cavaliere si era costruito una capanna nel bosco. Ogni giorno seguiva il letto del piccolo torrente che scorreva dalla fonte verso le campagne, lo liberava da tronchi, rami e dai piccoli smottamenti del terreno provocati dalle piogge. Così erano passati gli anni, gli abitanti si erano abituati ad avere senza fatica tutta l'acqua che serviva ai campi e non si erano più ricordati del piccolo torrente, del cavaliere e del suo compito. Quando il cavaliere era morto, nessuno era venuto a sostituirlo. Ed erano stati gli spiriti della fonte a continuare a sorvegliare il torrente, senza però permettere a nessuno di avvicinarsi..."

Il racconto era accompagnato da un'illustrazione. Sorpresa! Sotto un cielo scuro punteggiato di stelle, c'era proprio la capanna che così minuziosamente Filippo (vi ricordate?) aveva descritto nel suo racconto al camp.

Argo

Agli spiriti non credevo, ero ormai troppo grande. Ma la capanna esisteva davvero? Non rimaneva che scoprirlo. Quando il sabato ci ritrovammo per andare alla cascina, raccontai a tutti le mie scoperte. Non c'erano dubbi, la capanna del cavaliere, poi secondo la leggenda abitata dagli spiriti, sembrava proprio essere quella descritta quella sera al camp da Filippo. Che però aveva detto che la sua era una storia vera.

«E dalla leggenda sembra che proprio quella capanna abbia a che fare con l'acqua che doveva arrivare nei campi di Castel del Toro e quindi anche alla roggia del nonno Osvaldo» conclusi sbuffando pensierosa.

«Ma un torrente qui non l'ho mai visto» osservò Paolo «E non era nemmeno segnato nella mappa che ci ha mostrato Nicolas, vi ricordate?»

«In effetti la mappa mostrava solo i campi» osservò Linda «Forse il torrente scorre più lontano e lo hanno fatto confluire nel canale che abbiamo visto alla cascina con il cane. Dobbiamo partire da lì.»

Decidemmo che, il sabato successivo, la cascina con il cane sarebbe stata il nostro obiettivo. L'attesa aveva dato un gusto ancora più speciale a quella nuova avventura: ci sentivamo proprio dei veri detective in azione. Persino

Mariam non vedeva l'ora. Mentre parlavamo di come organizzarci, e con le nostre biciclette pedalavamo sulla strada comunale per raggiungere la fattoria del nonno Osvaldo, fummo costretti a fermarci per lasciar passare una lunga fila di camion carichi di terra. Arrivava proprio dalla strada bianca che portava alla cascina del cane e avanzava sollevando una gigantesca nuvola di polvere bianca. Per evitare di respirarla scendemmo dalle bici e ci rifugiammo nel campo vicino.

«Ma da dove portano via tutto quel materiale?» si domandò Paolo.

«Chi se ne importa, Forza, andiamo.»

Linda noncurante della nuvola di polvere che ancora aleggiava nell'aria era ripartita in sella alla sua bici. Raggiungemmo la cascina del nonno e, per quel giorno, pensammo solo a curare le nostre piantine, ad annaffiarle con l'acqua recuperata nelle nostre case di città e a rallegrarci per come crescevano rigogliose. Il sabato successivo invece, ci sbrigammo a lavorare nell'orto, pulimmo gli attrezzi che avevamo usato e li riponemmo con cura nel capanno, come ci aveva insegnato nonno Osvaldo, che in quel momento stava sistemando della paglia fresca nella casa delle galline. Lui la chiamava così invece che pollaio, e anche a noi quel nome era piaciuto fin da subito. La casa delle galline era un semplice recinto coperto dove tornavano la sera ad accovacciarsi sulla paglia morbida che il nonno aveva preparato per loro. Per il resto del tempo potevano muoversi libere e razzolare nell'aia e nel prato vicino.

«Nonno, noi andiamo a fare una passeggiata» gli disse Paolo ad alta voce. Con un gesto della mano, mentre era chino a sistemare la paglia, nonno Osvaldo ci diede il suo permesso e poi quasi subito si raddrizzò e con un fischio richiamò la nostra attenzione. Quando ci voltammo lo vedemmo indicare con l'indice l'orologio.

«Non faremo tardi» risposi io per tutti «promesso!»

E così ci avviammo. Per fare più in fretta tagliammo dai campi e ci rimettemmo sulla strada solo in vista della cascina con il cane. Ci fermammo al riparo di un piccolo boschetto non lontano dal cancello. Su un lato cresceva un groviglio di rovi spinosi sui quali cominciavano a maturare le more. Quelle più in alto erano già nere, pronte per essere mangiate. Con l'aiuto di un ramo caduto riuscimmo ad avvicinare i rami più alti e cominciammo un ricco banchetto. Il gioco era così divertente che stavamo quasi dimenticando la nostra investigazione. Mangiavamo more, ridevamo delle nostre bocche tinte di viola, urlavamo quando le spine dei rovi ci pungevano…

«Basta con tutta questa confusione!» esclamò Linda tornando nei panni dei detective. «O vogliamo che ci scoprano prima ancora di vedere chi arriva?»

Così rimanemmo in silenzio, accucciati dietro il roveto, mangiando le ultime more che tenevamo in mano, con gli occhi ben aperti sul cancello e sul cane. In fondo non dovevamo aver fatto tanto rumore, perché il cane non sembrava essersi accorto della nostra presenza. Se ne stava placidamente sdraiato a terra con il muso appoggiato sulle due grosse zampe anteriori. A noi invece, così accucciati cominciavano a far male le gambe. Provammo a cambiare posizione per dare un po' di tregua ai muscoli, ma il sollievo era solo momentaneo. La cascina, intanto, continuava a essere deserta. Niente si muoveva attorno a lei.

«Ma non è possibile!» sussurrò Mariam. «Qualcuno dovrà pur venire a dar da mangiare al cane.»

«Forse in quella cascina c'è il ladro d'acqua. Esce solo di notte...»

Naturalmente queste parole le aveva sibilate tra i denti Linda che cercava sempre di trovare intrighi e misteri che fan venire la tremarella. Ma proprio in quel momento il cane si era alzato e aveva cominciato a passeggiare su e giù lungo la recinzione.

«Sta arrivando qualcuno!» Era di nuovo Linda, che dal tono di voce di Linda-investigatrice era passata al tono di voce Linda-esperta di animali.

«I cani sanno quando sta per arrivare il padrone, hanno un loro orologio interno. Stiamo ben nascosti forse è arrivato il momento che tanto aspettavamo.»

Infatti, pochi istanti dopo dietro la curva apparve un ragazzo in motorino con un grosso zaino sulle spalle.

Entrò nel cancello tolta la grossa catena che lo chiudeva e mentre ancora parcheggiava il motorino sul cavalletto, lo stesso cane che a noi aveva mostrato i denti gli andò incontro scodinzolando e cominciò a fare un sacco di feste a quello che evidentemente riconosceva come il suo padrone, ora appoggiandogli sul petto le sue grosse zampe anteriori ora leccandogli le mani.

«Ciao Argo!»

Umberto

«Dai Argo, fammi passare che ti ho portato da mangiare.»

Il ragazzo si era avvicinato a due ciotole sistemate a ridosso del muro della cascina.

«Hai finito tutta l'acqua! Vieni che andiamo a prenderla.»

Il cane lo seguì passo passo scodinzolando fino al cilindro in pietra di un pozzo che si trovava proprio al centro del cortile. Il ragazzo alzò il coperchio che lo chiudeva e cominciò a pompare acqua muovendo la leva su e giù fino a riempire un secchio.

Noi ci guardammo e fu Linda a dare voce al pensiero di tutti noi.

«Come fa quel pozzo ad avere tutta quell'acqua quando nel canale ce n'è solo un rivolo e in giro tutti dicono che non ce n'è per gli orti?!»

Intanto il ragazzo, dopo aver

riempito la ciotola dell'acqua e quella del cibo, accarezzava il cane che scodinzolava felice. «Torno domani Argo, e prometto che giocheremo un bel po'!»

E mentre il cane affondava il muso nella ciotola, si mise di nuovo lo zaino sulle spalle e si diresse al motorino, pronto a ripartire. Ma non aveva fatto i conti con noi imbattibili. Aveva appena finito di richiudere il cancello con il lucchetto quando uscimmo risoluti dal nostro nascondiglio e lo circondammo. Dovevamo scoprire qualche cosa di più su quel pozzo. L'unico problema era che eravamo decisamente più piccoli di lui, come constatammo appena vicini. Persino io, che ho sempre avuto il problema di essere più alta, molto più alta della media, gli arrivavo appena alla spalla. Dovevamo apparirgli un po' come i Lillipuziani di fronte a Gulliver, se conoscete la storia. A me e a Pio l'ha raccontata la mamma una volta che ci accompagnava a scuola a piedi. Ma, in fondo come gli abitanti di Lilliput, avevamo due elementi dalla nostra parte: eravamo in cinque e lui solo uno e lo avevamo colto di sorpresa. Infatti, il nostro Gulliver vedendosi circondato da ogni lato fece un salto e rimase interdetto.

«Chi siete?»

«Chi sei tu piuttosto? E cosa ci fai qui?» rispose con tono aggressivo Linda, immaginando di aver preso il colpevole del suo fantasticato furto d'acqua con le mani nel sacco.

Il ragazzo si irrigidì e ci guardò con sospetto.

«Scusa» intervenne Mariam, con la sua voce timida e dolce «Scusaci tanto. Linda, la mia amica qui» e le mise una mano sulla spalla «è stata un po' troppo brusca ma il fatto è che avremmo bisogno di parlare con te perché stiamo facendo delle ricerche...»

Il suo tono conciliante aveva cambiato l'atteggiamento del ragazzo e ora lui stava ascoltando.

«Che tipo di ricerche?»

«Da qualche tempo aiutiamo il nonno del nostro amico Paolo» e lo indicò «a curare l'orto...»

Mariam non sapeva bene come andare avanti.

«E...» la sollecitò il ragazzo. A quel punto intervenne Paolo.

«E ci siamo accorti che la roggia che arriva all'orto del nonno è senza acqua...»

«E allora?»

Il ragazzo cominciava a dare segni di impazienza.

«E allora» riprese Mariam senza alcuna esitazione con la sua voce sottile «ci siamo accorti che la roggia è collegata al canale che esce da questa proprietà...»

«E vorremmo capire» mi inserii io senza tanti preamboli «perché il canale è quasi asciutto e perché in quel pozzo invece c'è acqua, e che cosa difende quel grosso cane nero che appena ci avviciniamo alla recinzione sembra volerci sbranare!»

Ero stata troppo aggressiva? Veramente scortese avrebbe detto la mamma? Invece no. Sentendo quello che avevo detto del cane, il ragazzo sorrise.

«Davvero vi ha fatto paura? Argo è un buon cane da guardia ma non sbranerebbe proprio nessuno. Vero Argo?» Il cane si era avvicinato e ora, al suo tocco, sembrava fare le fusa come un gatto.

«È bellissimo il tuo cane» questa volta era stata Linda a parlare. «E sa del tuo arrivo ancora prima di vederti! Noi eravamo qui a spiar…»

Per un momento si interruppe, diventando tutta rossa.

«Noi eravamo qui a raccogliere le more» proseguii io evitando di rivelare la vera ragione della nostra presenza lì, vale a dire il nostro appostamento «e abbiamo capito che qualcuno stava arrivando molto prima che tu comparissi sulla strada da come lui, Argo, si agitava...»

«Vengo qui ogni giorno a quest'ora a portargli da mangiare, lui sa del mio arrivo. Qualche volta, quando ho tempo, mi fermo a giocare con lui. Siamo molto legati.»

Parlare del cane aveva creato un terreno di scambio e nessuno era più sulla difensiva, né lui né noi.

«Ma allora perché lo lasci qui tutto solo e non lo tieni con te a casa?» chiese Nicolas.

«È una situazione momentanea. Tra non molto io e i miei genitori ci trasferiremo in una villetta con il giardino e Argo potrà tornare a vivere con noi. Per ora» aggiunse con tristezza «deve stare qui, nella cascina dove abitava una volta mio nonno, che ora è morto. Per ora noi abitiamo in un appartamento. Tenevamo lì anche Argo, ma lui non si dimentica mai di essere un cane da guardia. Dal balcone abbaiava a tutti quelli che si avvicinavano al palazzo. I condomini si sono lamentati e non ce lo hanno più fatto tenere lì».

«Quindi qui non sta proteggendo nessun tesoro!»

Paolo sembrava deluso.

«Tesoro!?»

«Noi pensavamo» spiegai «che Argo fosse qui per fare la guardia a qualcosa di molto prezioso. E siccome l'acqua sembra essere diventata molto preziosa in questi tempi, avendo visto il pozzo abbiamo pensato che lui proteggesse quello.»

Il ragazzo esplose in una fragorosa risata. Cosa avevamo detto di così ridicolo?

«Siete proprio buffi. E simpatici però. Bene, che ne dite se ricominciamo da capo? Io sono Umberto» e mentre faceva la domanda allungò la mano come si fa nelle presentazioni ufficiali.

«Piacere, io sono Norma» risposi, e gli strinsi la mano. A ruota, dopo di me, fecero lo stesso anche gli altri.

«Allora, spiegatemi cosa davvero vi ha portato qui.»

E così, senza più parlare dei ladri d'acqua di Linda, spiegammo della roggia asciutta, del canale con poca acqua che avevamo seguito fin lì, e del suo pozzo che invece era pieno d'acqua. E questa fu l'occasione di imparare dal nostro nuovo amico Umberto un mucchio di nuove cose!

«Il pozzo è qui da tantissimo tempo. Quando ancora qui abitava mio nonno, stavo spesso da lui e mi divertivo ad attingere l'acqua con un vecchio secchio. Il pozzo, sapete, è alimentato dall'acqua di falda, quella che scorre molto sottoterra, e non dal canale. Anche qui mi accorgo della scarsità di acqua, infatti devo calare molto più in basso il secchio, segno che la falda si è abbassata. Gli effetti del cambiamento climatico si sentono qui come dappertutto, ne avrete sentito parlare anche voi a scuola.»

Nicolas, all'idea che Umberto potesse pensare che non conosceva questo argomento, su cui invece aveva fatto una lezione ai suoi stessi compagni, stava per partire con una delle sue Nicolaspedie, ma fu interrotto.

«Ora però scusatemi bambini ma devo proprio andare. Speriamo solo che riescano a risolvere presto la situazione» e salendo sul suo scooter ripartì sollevando una nuvola di polvere sulla strada sterrata, lasciandoci con il dubbio sul significato di quella ultima frase: *Speriamo che riescano a risolvere presto la situazione*. Ma di chi parlava? Forse degli spiriti della sorgente che abitavano la capanna nel bosco?

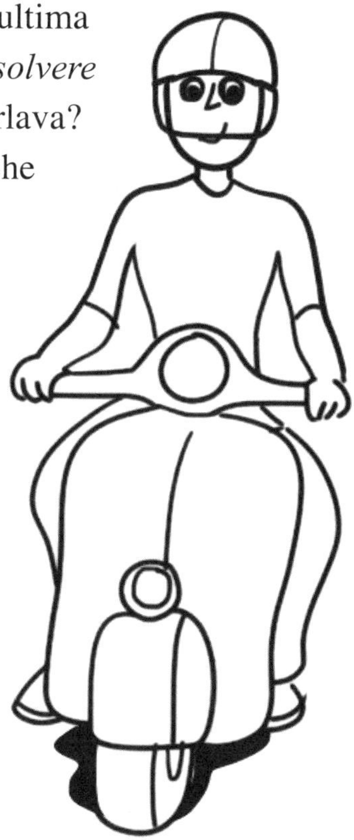

Un gioco istruttivo

Ero arrabbiata. Anzi arrabbiatissima. Con le nostre ricerche non stavamo cavando un ragno dal buco e quel sabato ci si era messa pure la mamma. E se non volete che mi arrabbi anche con voi dovete ascoltarmi con pazienza. Vi devo raccontare di un pomeriggio veramente particolare, cominciato male anche se poi finito benissimo, come scoprirete se avete la pazienza di leggere fino in fondo il capitolo.

«Norma, per favore, ho alcune cose da finire qui a casa, accompagna tuo fratello al parco. Lì troverete la tata di Alberico che è già uscita con lui e Gioia e così non sarete soli. Poi vi raggiungo appena mi libero.»

Non c'era punizione peggiore che andare al parco con mio fratello Pio e i suoi amici Alberico e Gioia. Già da solo Pio il Terribile riusciva sempre a inventare qualcosa di terrificante, soprattutto quando era lontano dall'occhio vigile della mamma. Ora per di più spalleggiato dai suoi amici del cuore. E io mi ci sarei trovata in mezzo. Quello spiacevole incarico di mezza baby-sitter era stata la ciliegina sulla torta di una giornata decisamente da dimenticare. È vero che quel sabato non saremmo comunque andati alla fattoria perché il nonno Osvaldo aveva un impegno e non ci poteva ospitare. Ma noi cinque ci dovevamo trovare a casa di Mariam per mettere a punto i nostri piani. Il fatto è che da alcuni giorni ci eravamo resi conto che le nostre indagini stavano girando in tondo senza arrivare a nulla. Così, quel venerdì, a scuola, avevamo deciso che avremmo impegnato il sabato per organizzarci. Per mantenere la nostra fama di imbattibili c'erano due impegni che non potevamo più rimandare: il primo, era che, armandoci di coraggio, dovevamo andare di nuovo nel bosco a scoprire dove fosse la capanna della leggenda. Il secondo, suggerito da Nicola e appoggiato dalla detective Linda, era che dovevamo scoprire qualcosa in più sulla provenienza della terra portata dai camion che provenivano dalla strada sterrata e che avevamo incrociavamo andando alla fattoria del nonno Osvaldo. E invece io dovevo andare al parco mentre gli altri si trovavano da Mariam, certamente a sbafare una delle sue buonissime merende.

«Io sono pronto!»

Mio fratello, con il suo cappellino azzurro in testa e uno dei suoi inseparabili pupazzi di pezza, questa volta la gallina bianca, si era affacciato alla porta della mia camera: «Andiamo? Ti sbrighi? Alberico e Gioia saranno già al parco!»

Sconsolata guardai Cartesio, che da gatto pacifico qual era, se ne stava acciambellato sul dondolo in giardino

prendendosi il piacevole sole di quel pomeriggio. Avrei decisamente preferito starmene acciambellata al posto suo. La prospettiva era invece quella di fare da balia a mio fratello.

«Arrivo…» dissi con l'entusiasmo che si può avere andando dal dentista con un dente che ti fa male. Strinsi i miei codini, presi il giubbino di jeans e sbuffando mi avviai. Il parco è vicinissimo a casa nostra. Puntualmente arrivammo molto prima della tata con Alberico e Gioia. In loro attesa dissi a Pio che dovevamo aspettarli su una delle panchine. Mio fratello, per una volta stranamente tranquillo, seduto al mio fianco giocava con la gallina di pezza, così mi rilassai e ritornai con il pensiero alla nostra indagine. Ci doveva essere qualcosa che ci sfuggiva, eppure non riuscivo a capire cosa. Ripensai alla roggia del nonno senza un filo d'acqua, a quello che aveva detto la vecchia signora dalla fornaia qualche giorno prima: *Ci vorrebbero gli spiriti della fonte*, al pozzo della casa del nonno di Umberto e alle parole con cui Umberto ci aveva lasciato: *Speriamo che riescano a risolvere presto la situazione*. Umberto certo non parlava degli spiriti, doveva avere almeno vent'anni e i vecchi come lui non brillano certo di immaginazione. Parlava dunque di qualcuno di reale che se ne stava occupando? Ma chi? E come lo stava facendo? Adesso poi che l'estate era iniziata, la terra dell'orto non potevamo certo tenerla umida con i nostri bidoncini di acqua piovana o riciclata. Ci sarebbe voluto un super bidone per poter alimentare il nostro orto e gli altri campi del nonno! Stavo pensando proprio a quello quando mi accorsi che Pio non era più seduto sulla panchina, abbandonata con la testa penzoloni, c'era solo la sua gallina bianca. Mi ritrovai il cuore in gola. E adesso chi la sentiva la mamma? Mi ero persa mio fratello e chissà quale guaio era già stato capace di combinare! Afferrai la gallina per il collo e mi misi affannata a cercarlo. Per fortuna il parco non era poi così grande e vedendo la tata seduta vicino all'area dei giochi, mi avvicinai da quella parte. Nascosto dietro agli scivoli vidi mio fratello, che se ne stava accucciato accanto a Gioia.

Giocavano a fare galleggiare delle foglie in un canaletto che avevano scavato partendo da una perdita della fontanella.

«Vinco io!» gridò in quel momento Pio guardando la grossa foglia verde con striature rossastre che avanzava veloce verso una specie di laghetto che avevano creato dove terminava il canale.

«No! Ti sbagli! Vinco io»

E per l'entusiasmo Gioia scattò in piedi applaudendo eccitata.

Alberico aveva un'aria arrabbiata. Era in piedi dietro di loro, accanto alla fontanella da cui partiva il canaletto. In quel punto, lo copriva una sorta di teepee indiano fatto di legnetti.

«Non è giusto, avete preso a sassate la mia barca. È affondata prima ancora di partire.»

«Se tu smetti di buttare sassi nel nostro canale» sbottò Pio «forse noi non prenderemo a sassate la tua nave.»

«Ma io non ho buttato i sassi nel canale, è stato un incidente» piagnucolò Alberico.

«Incidente un corno» disse con la sua consueta eleganza mio fratello, e, vedendomi, mi chiamò a testimone. «Guarda, io e Gioia abbiamo dovuto costruire una capanna per proteggere la fonte del nostro fiume che Alberico bloccava buttandoci i sassi.»

In quel momento mi accaddero un'infinità di cose: tirai un sospiro di sollievo realizzando che non mi ero persa il fratello, mi prese un accidente nel vedere come si era ridotto, con pantaloncini e maglietta completamente fradici e chiazzati di fango.

Mi sembrava di sentire già nelle orecchie la strigliata che mi avrebbe dato la mamma appena si fosse accorta di quel disastro.

Ma soprattutto i miei codini cominciarono ad agitarsi quasi da soli per l'emozione.

Davanti all'opera di ingegneria di mio fratello e dei suoi amici mi era venuta un'idea fragorosa. Dovevo trovare assolutamente il modo di condividerla al più presto con gli altri.

Grande idea!

La mamma alla fine era arrivata tardi al parco e doveva avere avuto mille pensieri per la testa perché proprio non aveva fatto caso a come era conciato Pio. Dopo aver frettolosamente salutato la tata di Alberico e Gioia, aveva cominciato a radunare me e Pio come fanno le chiocce, dicendo che dovevamo rientrare subito. Appena arrivati a casa, mentre lei spingeva mio fratello in bagno perché si facesse la doccia, io cominciai il mio lavoro di convincimento.

«Mamma posso usare il tuo cellulare?»

«A cosa ti serve il mio cellulare?»

Dovevo trovare una motivazione convincente altrimenti mi avrebbe liquidato con un semplice e categorico "*No*".

«Non sono sicura di aver segnato tutti i compiti per lunedì, posso chiamare Mariam?»

«Ma non ti metterai ora a fare i compiti!» replicò, sempre contraria a farmi usare il cellulare. «Tra poco si cena e poi tutti a letto. Domani vedrai Mariam e glieli potrai chiedere direttamente.»

«No, insomma… non sono proprio dei compiti» cercai in fretta di aggiustare il tiro. «Dobbiamo imparare a memoria una poesia di Gianni Rodari per recitarla lunedì, una io e una lei, e volevo cominciare a studiarla…

Dormendoci sopra la memorizzo meglio, ma non ricordo bene come ce le siamo divise tra di noi. Cioè quale poesia tocca a me.»

Ero pronta a sentirmi dire che bisogna stare attenti in classe e non avere la testa tra le nuvole e invece lei mi sorprese, forse spazientita perché mio fratello era peggio di Cartesio e davanti all'acqua come il nostro gatto trovava mille modi per rimandare il momento in cui finire sotto il getto della doccia. In quel momento stava dicendo

che voleva le formine per giocare a fare la cascata… Esasperata, la mamma gli aveva messo in mano un paio di ciotoline di plastica che aveva trovato sul mobiletto accanto al lavandino e girandosi verso di me aveva detto.

«Il mio telefono è là sulla mensola. Fai in fretta!»

Non me lo feci ripetere due volte e con la scusa che Pio faceva un gran baccano sono uscita dal bagno per rifugiarmi in camera mia.

La mamma di Mariam, con mio grande sollievo, mi ha risposto quasi subito: «Ciao, sono Norma, posso parlare con Mariam? Devo chiederle una cosa importante di scuola...»

Avevo subito messo avanti la scusa della scuola per anticipare ogni sua curiosità.

«Maaariaamm!» la sentii chiamare ad alta voce. «Adesso arriva, scusami ma ho la pentola sul fuoco, devo andare. Ciao!»

Appena Mariam mi rispose, le spiegai in fretta che mi era venuta un'idea per la nostra indagine e che domani, domenica, dovevamo chiedere di andare alla fattoria del nonno di Paolo. E che dovevamo partire prima del solito.

«Perché prima del solito?»

«Perché dobbiamo seguire una traccia. Siamo a un passo dal risolvere il mistero, me lo sento! Credo che questa volta ci siamo.»

«Ci siamo?» chiese lei incuriosita. «Ma che cosa hai scoperto?»

«Lo spiegherò quando ci siamo tutti.»

«Ma almeno puoi dirmi che non si andrà più alla ricerca della capanna degli spiriti, così dormo tranquilla?» chiese Mariam speranzosa.

«E invece si va proprio a cercare quella! Se troviamo la capanna capiremo molte cose... Ma non insistere, non ti dico altro. Ora tu avvisa Paolo e Nicolas, io intanto chiamo Linda prima che la mamma reclami il suo telefono.

Mi raccomando, dì a tutti che è importante! Molto importante!»

Vi sembra che abbia liquidato un po' troppo bruscamente la mia amica Mariam? Il fatto è che volevo assolutamente evitare che lei mi facesse altre domande. Volevo godermi la sorpresa quando, con tutti presenti, avrei raccontato la mia idea. Più ci pensavo più ero certa di essere sulla strada giusta. Ma a voi voglio dare un indizio, così vediamo se capite già qual era il mio progetto. Dobbiamo fare

un passo indietro. La settimana prima, alla fattoria, mentre annaffiavo le piantine dei pomodori, si era avvicinato nonno Osvaldo per legare le piantine a dei lunghi bastoncini che aveva infilato nel terreno.

«Così i pomodori quando crescono restano alti, prendono il sole, maturano bene e non marciscono schiacciati a terra» aveva spiegato, intercettando il mio sguardo incuriosito.

«Ma come cresceranno se la terra è sempre più secca?» avevo commentato.

«Vedrai che tra poco tornerà a essere morbida. Già con l'acqua che mi avete portato nei bidoncini abbiamo tenuto l'orto in buona salute. Vedi come è bello. Siete stati bravissimi! Ma tra poco» aveva aggiunto «la nostra fonte tornerà libera e in molti capiranno che la natura va curata e non abbandonata.»

E poi, come se si fosse lasciato andare a pensieri che forse avrebbe voluto tenere solo per sé, aveva cambiato discorso e alzando il tono della voce aveva richiamato l'attenzione anche degli altri.

«Che dite, siamo pronti per la festa?»

«La festa? Che festa?»

«La nostra festa, la festa di chi ha lavorato per l'orto.»

«Sìììì!» rispondemmo tutti in coro.

«La facciamo appena finisce la scuola così è una doppia festa!» osservò Paolo. «Tanto manca poco.»

«E invitiamo mia nonna e tutti i genitori!» aggiunse Mariam.

«Potremmo allargare l'invito anche gli amici e ai vicini» commentò il nonno guardandoci con un sorriso. «Lo spazio non manca»

E così, parlando della festa, quelle parole che il nonno mi aveva detto sistemando i pomodori me le ero dimenticate. Quasi. Dopo il pomeriggio al parco con Pio, Gioia e Alberico, l'ultima frase che il nonno aveva pronunciato mi si era nuovamente accesa nella testa: "*La nostra fonte tornerà libera e in molti capiranno che la natura va curata e non abbandonata*". Sì, era un altro tassello del puzzle che sentivo stavo cominciando a comporre. Ero certa: la missione che avremmo fatto tutti insieme il giorno dopo avrebbe dimostrato che avevo ragione. Per fortuna tutti i genitori avevano dato il permesso, anche perché il nonno Osvaldo la sera prima aveva detto ai genitori di Paolo che, visto che il sabato non ci aveva potuto ospitare, voleva rimediare la domenica. E loro avevano avvisato tutti gli altri genitori, compresi i miei. Così il giorno dopo ci trovammo puntualmente tutti e cinque, pronti a partire.

La capanna

Ora eravamo tutti in sella sulle nostre biciclette, il sole era alto in cielo, segno che eravamo davvero riusciti a partire molto prima del solito.

«Allora qual è questa tua idea geniale che ci volevi dire?»

«Seguitemi» dissi solo. Avevo deciso di lasciarli ancora un po' sulle spine.

«Ma si può sapere dove stiamo andando?» mi chiese Linda, che non amava essere tagliata fuori dalle decisioni e che quella cosa dell'idea geniale che non volevo condividere non le stava proprio andando giù.

«Poi lo vedrete.»

Continuammo a pedalare in silenzio. Mi sentivo circondata da musi lunghi ma anche da sguardi curiosi e la cosa mi divertiva molto. Quando arrivammo poco oltre il campo dove ci eravamo rifugiati al passaggio dei camion qualche settimana prima, vi ricordate? ve l'ho raccontato nel capitolo otto, feci notare a tutti i segni di grosse gomme che ancora segnavano il terreno e che svoltavano su una stradina laterale tracciata per i trattori in mezzo ai campi. Li avevo notati l'ultima volta che eravamo andati alla fattoria. In quel punto i camion dovevano aver abbandonato la strada per inoltrarsi nella campagna.

«Ora lasciate qui le biciclette e seguiamo queste tracce.»

In pratica stavo dando gli ordini come un comandante.

«E poi… Che altro ci ordinerai di fare?» rispose Paolo nella speranza che così provocata svelassi loro la mia idea.

«Va bene, va bene. Ora vi spiego cosa ho pensato. Siete d'accordo anche voi che questi segni sembrano fatti da grossi camion?»

«Veramente potrebbero essere anche segni di un trattore» replicò Nicolas.

Tutti continuarono a fissarmi

«No, sono sicura che sono i grossi camion carichi di terra che abbiamo visto passare l'altra volta.»

«Ok, hai ragione tu, e allora?» chiese Mariam.

«L'altro giorno ho visto mio fratello giocare al parco con Gioia e Alberico, gli amici di Pio. Li conoscete anche voi.»

«E questo ora cosa c'entra?!» sbottò Linda infastidita.

«Pio e Gioia avevano creato un piccolo canaletto dove far scorrere l'acqua della fontanella» continuai imperterrita

«e nel canaletto facevano navigare delle barchette fatte di foglie. In fondo avevano scavato una buca che si era riempita d'acqua, come una specie di laghetto. "È il nostro deposito dell'acqua" mi aveva spiegato Pio. Ma Alberico voleva fare il guastafeste e buttava dei sassi dove l'acqua che scendeva dalla fontanella entrava nel canaletto. Così Pio e Gioia hanno costruito una specie di capannina di rametti per proteggere la loro sorgente.
Non capite ancora?»

«No!!!» risposero in coro.

«Invece nella mia mente è stato a quel punto che alcuni pezzi del nostro mistero hanno cominciato a mettersi insieme.»

«Pezzi?» Niente da fare, dovevo proprio spiegare tutto io.

«Umberto aveva detto "*Speriamo che riescano a risolvere presto la situazione*". E tutti ci siamo chiesti cosa intendesse dire. Giusto fin qui? Abbiamo pensato che forse c'era qualcuno che ci stava lavorando. Ma non siamo riusciti a capire chi e soprattutto dove stessero lavorando. E nonno Osvaldo che mi ha detto qualcosa di simile, quel giorno che abbiamo parlato della festa. Lo ha detto mentre mettevamo i sostegni per i pomodori: "*tra poco la nostra fonte tornerà libera e in molti capiranno che la natura va curata e non abbandonata*". Aggiungete la signora della panetteria che diceva "*ci vorrebbero gli spiriti della fonte*". Ecco. Se fate due più due…»

Ora mi guardavano. Avevo preso troppo sole?

«Insomma, è chiaro che seguendo queste tracce scopriremo chi sta lavorando, dove, e cosa c'entra con la fonte che tornerà libera.»

Nessuna reazione. Rimasi delusa. Ero convintissima che ci sarebbe stata un'ovazione davanti a quella conclusione che a me pareva ovvia, mentre i miei amici, mi resi conto, non la pensavano così.

«Ormai che siamo qui» disse Linda con l'aria di chi vuole accontentare una bambina di due anni «seguiamo la tua idea. Ma non sono convinta che queste tracce ci portino a scoprire chi ruba l'acqua.»

«Non hai capito, nessuno ruba l'acqua!»

Ero sempre più sconfortata per la loro tiepida reazione e tagliai corto.

«Seguiamo queste tracce e vediamo se ho ragione.»

Nascondemmo le biciclette dietro un cespuglio e ci avviammo. Io in testa con i miei codini che dondolavano a ogni passo e gli altri silenziosi dietro di me. Dopo qualche minuto, notammo che le tracce, che fino a quel punto avevano segnato il bordo del campo, si infilavano nel bosco. Attorno a noi il silenzio si era fatto denso mentre la vegetazione intorno alla strada segnata dalle ruote dei camion era fitta, sempre più fitta. Poi, dove le tracce segnavano una grande curva, alla nostra sinistra, più in alto rispetto a dove ci trovavamo noi, apparve dietro

gli alberi qualcosa di conosciuto. Ci fermammo tutti all'istante.

«Ma quella…» iniziò a dire Nicolas senza però riuscire a finire la frase «...è la capanna del disegno che accompagnava la storia del cavaliere, quella che cercavamo, la stessa della storia di Filippo. Ora ho capito!»

Linda finalmente mi sorrise.

«Allora è proprio la capanna degli spiriti!?» borbottò fra sé Mariam.

«Spiriti o uomini» intervenni con decisione «è la capanna da cui qualcuno si prendeva cura della fonte.»

«Non è che poi, se ci avviciniamo, scompariamo anche noi, come quei cinque ragazzini della storia di Filippo e nessuno ci ritrova?» Mariam un po' era seria, un po' rideva.

«Basta chiacchiere!» sbottò brusca Linda. «Io vado!»

Lasciammo le tracce dei camion e ci inerpicammo sul declivio facendoci faticosamente strada tra il fitto di alberi. Aggrappandoci ai tronchi e ai rami raggiungemmo una piccola radura. La capanna era lì. Proprio lei. Io e Linda avanzammo in silenzio, gli altri, timorosi, dietro, ultima Mariam. Non c'erano suoni. Gli spiriti forse stavano dormendo... Poi sentimmo un lieve rumore, quasi un sussurro. Sono sicura che tutti pensammo, senza dirlo, agli spiriti.

«Andiamo avanti!» disse Linda, sottovoce.

Man mano che avanzavamo il rumore si avvicinava. Continuammo a camminare. Ora eravamo arrivati alla capanna. La capanna misteriosa era lì, davanti a noi. Provammo ad aprire. Il cigolio della porta era proprio lo stesso che Filippo, quella sera al camp, ci aveva fatto sentire con la sua voce da attore. Ci guardammo negli occhi. Avremmo trovato anche gli spiriti? Cercammo di guardare dentro ma era tutto buio.

«Andiamo via» piagnucolò Mariam. «Ho paura.»

Anche il sussurro sembrava più vicino.

«Sembra acqua» fece Nicolas.

«E sembra venire da dietro la capanna. Proviamo a girarle intorno» suggerì Linda. A ogni passo l'origine del sussurro diventava sempre più chiara.

«Sembra proprio acqua che scorre» dalla voce di Mariam

si capiva che si stava rassicurando «Sentite? È solo acqua che scorre, nient'altro.»

Appena svoltammo dietro la capanna tutti e dieci i nostri occhi si spalancarono per lo stupore. Davanti a noi c'era una cascatella. Bellissima. Ci fermammo incantati a guardare la nuvola di schizzi che faceva l'acqua cadendo sulle pietre. Le gocce brillavano al sole con mille arcobaleni.

«Sembra una magia» disse Paolo, il nostro poeta, sottovoce, quasi timoroso di rompere l'incantesimo. Avevamo trovato la fonte della leggenda! Con lo sguardo seguimmo la corsa che faceva l'acqua: un paio di metri più in basso c'era una piccola conca, dove la corrente formava un laghetto. Tutto attorno le rive erano verdissime. Poi la corrente proseguiva formando un torrentello di acqua limpida. Quell'acqua era troppo invitante e dimenticando storie di spiriti, di paura e di bambini scomparsi ci guardammo negli occhi e in fretta iniziammo a scendere fino al laghetto. Appena arrivammo ai bordi ci fu un fuggi fuggi di ranocchiette, mentre noi, un istante dopo, tolte le scarpe e le calze, eravamo lì a sguazzare. L'acqua era freddissima e i sassi arrotondati sul fondo ci facevano un piacevole massaggio alle piante dei piedi. Quasi subito cominciammo a schizzarci e a bagnarci tra urla e risate. Mariam era stata la prima a uscire e sulla riva aveva trovato un cespuglio spinoso carico dei golosissimi frutti neri che ben conoscevamo. Tra l'erba spiccava il rosso delle fragoline selvatiche. Fradici e felici la raggiungemmo e sedendoci sulla riva e sui sassi che circondavano il laghetto improvvisammo una merenda a base di frutti di bosco.

«Sembra un posto delle fate» ammise Mariam «non degli spiriti.»

«Forse» disse Paolo «Filippo ha frainteso la leggenda oppure quella sera raccontandocela l'ha trasformata in una storia di paura per impressionarci».

«Forse…» sussurrò perplesso Nicolas. «Forse è per questo che tuo nonno non era in ansia per la mancanza dell'acqua.»

«Veramente io credo che tuo nonno» dissi rivolta a Paolo «sappia più di quello che vuole farci credere.»

«Ok» rispose «allora andiamo a chiederglielo.»

«E anche che cosa sa della leggenda…» aggiunse Linda.

«È tardi per andarc alla fattoria» osservò Mariam «È meglio se torniamo subito a casa.»

Giocando avevamo letteralmente perso il senso del tempo.

«E ora? I nostri genitori sapevano che saremmo andati alla fattoria» disse preoccupato Paolo. «Speriamo che il nonno non abbia chiamato le nostre mamme.»

«Altrimenti ci aspetta un'altra sgridata peggio dell'altra volta.» aggiunse Nicolas. Ora in fretta seguivamo una specie di sentiero che affiancava il ruscello, cercando di tornare sui nostri passi. Mentre scendevamo notai che l'erba sulla riva aveva l'aria di essere stata tagliata da poco. Che strano pensai, da quella parte anche tutto il sottobosco sembrava essere appena stato pulito. Come se gli spiriti se ne fossero presi cura, pensai tra me e me mentre mi scappava un sorriso. Gli altri invece non sorridevano.

«Per punizione non potremo fare la festa alla fattoria!» si lamentò Linda.

«Dobbiamo arrivare a casa prima che i nostri genitori si insospettiscano per la nostra assenza!» incalzò Mariam.

Ma ormai, risolto il mistero, io invece non riuscivo a preoccuparmi del nostro possibile o probabile secondo futuro in punizione. Ero allegra, e avevo voglia di scherzare.

«Magari non ci puniranno perché non ci troveranno. Magari riusciamo a sparire come i bambini della storia di Filippo.»

Fine?

E invece non successe nulla di quello che tutti temevamo. Tornati alle biciclette decidemmo infatti di non tornare subito a casa e di passare prima dalla cascina del nonno di Paolo per cercare il suo sostegno. Appena arrivati gli avremmo raccontato tutto e gli avremmo chiesto di "copririci" con i genitori. Però le cose non andarono come previsto. Facemmo appena in tempo ad arrivare alla fattoria e a ripararci nel portico che si scatenò un temporale di quelli estivi tutto tuoni, lampi e pioggia battente. Il nonno ci accolse sulla porta di casa con uno sguardo severo, pronto a una delle sue arrabbiature gelide.

«Allora? È da stamattina presto che vi sto aspettando. Di nuovo una fuga senza pensare alle conseguenze?

Non vi ha insegnato nulla il lavoro nell'orto? Finora mi sono tenuto per me la preoccupazione. Che cosa avete da dire prima che informi i vostri genitori?»

Alla fine, fui io a iniziare il discorso.

«Nonno, volevamo solo fare una deviazione prima di venire qui, per sciogliere un dubbio che avevamo da tempo. Sai, era legato al problema dell'acqua che non scorreva nella roggia. Tu non sembravi preoccupato, ma noi sì. Senti nonno, ora che è venuto il temporale, non potremo comunque tornare a casa. Ti prego, possiamo chiederti di avvisare i nostri genitori che restiamo da te finché non smette di piovere senza però dirgli ancora niente del nostro ritardo nel venire qui?»

«Ritardo?! Vorrai dire assenza per tutta la mattinata!»

Eravamo ancora tutti i piedi. Vedendo le nostre facce sgomente e Mariam a cui già scendeva una lacrimuccia, il nonno fece un gesto con la mano come a scacciare i cattivi pensieri.

«Va bene, visto che come dici tu il temporale ci dà un po' di tempo, sedetevi e aspettate qui che dico ai vostri genitori che restate da me finché non smette di piovere. E per ora non dico niente della vostra seconda fuga» aggiunse. Poi, quasi come in un film già visto, andò come l'altra volta al suo telefono fisso, parlò brevemente, e tornò da noi.

«Ora abbiamo tutto il tempo che vogliamo. Su, raccontate.»

Un po' uno un po' l'altro, un po' tutti insieme, parlammo della nostra preoccupazione per l'acqua che non arrivava alle rogge, della nostra indagine, di Umberto e di Argo, del gioco di Pio con l'acqua della fontanella del parco, dei suoi amichetti Gioia e Alberico. Ognuno di noi nel raccontare rivelava qualcosa di sé: la mia lingua tagliente, la passione di Linda per le indagini e la sua idea dell'acqua rubata, cosa che fece molto ridere il nonno, la timidezza di Mariam che si era vista anche dalla lacrimuccia che si era appena asciugata, la curiosità di Nicolas.

Anche Paolo, che pure il nonno credeva di conoscere a fondo, gli rivelò il suo lato "cane da pastore" impegnato a tenere insieme il nostro gruppo.

Gli raccontammo anche che tra noi ci chiamavamo "gli imbattibili", termine che, ci disse, gli sembrava proprio azzeccato. Ma dopo una mezz'ora, con l'atmosfera dentro ormai rilassata e fuori ancora piena dei tuoni e lampi del temporale che non voleva saperne di smettere, io feci la domanda che avevamo in pancia da quando avevamo scoperto la sorgente.

«Nonno Osvaldo, tu cosa sai della leggenda della capanna e della fonte?»

Il nonno ci guardò incuriosito.

«Dunque, sapete di quella leggenda? Cosa sapete?»

«Mhmm…non molto» dissi sperando che fosse lui a continuare. Ma Mariam aggiunse subito la spiegazione che io non avevo dato.

«Qualcuno ci aveva raccontato che la capanna era abitata dagli spiriti e che dei bambini che c'erano andati erano spariti e non erano mai più stati trovati.»

«Più che una leggenda è una storia di paura!» rise il nonno.

«Ma è una leggenda o una storia vera?» chiesi.

«Quale parte? Quella dei bambini scomparsi?» chiese di rimando lui con un sorriso ancora divertito.

«Noi vogliamo sapere la vera storia della capanna» disse Linda.

«Davvero?»

E così pian piano il nonno, con la sua voce roca, cominciò a raccontare.

«Nel bosco fin dai tempi più antichi c'era una sorgente che alimentava le campagne di Castel del Toro. Era così preziosa che tutti, i contadini e gli abitanti del paese, si impegnavano a tener pulito il letto del torrente che da lì nasceva e scorreva poi verso le campagne. Tenevano nella capanna vicino alla sorgente gli attrezzi per liberarlo dai tronchi e dai rami che lo riempivano durante le piogge.»

«Proprio come il cavaliere della leggenda» mi inserii.

«Esatto» confermò il nonno. «È una leggenda che una volta si raccontava sempre ai bambini prima di andare a letto, per far capire che anche loro avrebbero dovuto una volta grandi prendersi cura di quella risorsa preziosa.»

«E magari invece di essere rapiti dagli spiriti quei bambini potevano sembrare loro degli spiriti» disse Mariam finalmente tranquillizzata.

«Poi» riprese il nonno «la fonte venne dimenticata e abbandonata a sé stessa. L'acqua arrivava in ogni casa semplicemente, dall'acquedotto comunale. Bastava aprire un rubinetto e usciva acqua calda o fredda a volontà. Il bosco ha circondato la capanna. La gente si è dimenticata che l'acqua va rispettata e amata. E arriviamo ai giorni nostri. Il cambiamento climatico si è fatto sentire anche qui: per lunghissimi mesi dal cielo non è scesa una goccia d'acqua e poi la terra secca non è riuscita ad assorbire piogge fortissime come quella di oggi e strade e campagne si sono allagate. È stato a quel punto che qualcuno si è ricordato della fonte e sono iniziati i lavori.»

«Lavori? Di chi si prende cura del torrente?» chiesi.

«Sì. I tecnici del comune hanno fatto un progetto approvato

e finanziato. Ora gli operai stanno ripulendo il letto del torrente e riconsolidando le sponde in modo che gli smottamenti del terreno non ostacolino il passaggio dell'acqua»

Ecco perché mi era sembrato che qualcuno avesse appena

ripulito il tratto che avevamo percorso a piedi.

«Piccole ruspe hanno iniziato a pulire anche i canali, i fossi, i piccoli corsi, perché l'acqua possa scorrere libera nei campi. In più, si sta costruendo sotto la fonte un deposito in grado di raccogliere l'acqua quando scorre abbondante e ridistribuirla anche nei periodi di siccità.»

«Un po' come i bidoncini che mio zio portava qui con il furgone con l'acqua che raccoglievamo a casa, solo molto molto molto più grande» notò allegramente Nicolas. «Ed ecco svelato perché tutti quei camion trasportavano terra!» continuò. «Era quella che veniva scavata per fare spazio al deposito!»

Il nonno ora ci guardava a uno a uno.

«Nei lunghi mesi in cui è mancata, abbiamo riscoperto come l'acqua sia un bene da proteggere e di cui prenderci cura, senza sprecarla. Ogni piccolo gesto è prezioso e voi lo avete dimostrato. Grazie ai vostri sforzi l'orto è sopravvissuto ed è diventato bellissimo. Presto l'acqua della fonte tornerà a scorrere libera, ma questo lavoro sarà davvero utile solo se tutti noi continueremo a prendercene cura anche in futuro.»

Il temporale era finalmente cessato. Salutammo il nonno, prendemmo le biciclette e, stanchi ma felici, tornammo a casa. Ormai aspettavamo solo il giorno della festa. Io non stavo più nella pelle. Ogni giorno in più di attesa mi sembrava insopportabile.

Fine!

Finalmente arrivò quel sabato, il sabato della festa. La scuola era finita, e dai nostri genitori avevamo avuto il permesso di andare alla fattoria già in mattinata, per preparare gli addobbi e raccogliere i prodotti dell'orto per le gustose ricette che avevamo scelto con il nonno. Dopo aver apparecchiato e decorato il lungo tavolo con i fiori raccolti nei campi, ci dedicammo alla cucina. Il nonno insegnò a Mariam a fare il pesto, lo prepararono proprio nel mortaio come aveva visto fare Nicolas nella sua vacanza in Liguria. Linda e io cucinammo una golosissima pasta da mangiare fredda, condita con pomodorini freschi, aglio e tanto basilico. Il nonno aiutato da Paolo grigliò le zucchine, le melanzane, i pomodori e i peperoni che noi avevamo raccolto, mentre Nicolas preparava delle salsine da leccarsi i baffi tritando alcuni degli aromi dell'orto.

«In una festa come si deve non può mancare il dolce» disse a un certo punto il nonno. «Seguitemi.»

Appoggiate sulla credenza trovammo delle bellissime crostate: alla marmellata di fragole, di more, di amarene e di albicocche. A ognuna era legato un ricordo: la prima scorpacciata di fragole lì alla fattoria il giorno della nostra fuga dal camp, le more mangiate nell'appostamento alla cascina di Argo e Umberto, le amarene che avevamo scambiato per ciliege rimanendo stupiti del loro sapore aspro e poi le albicocche che avevamo aiutato a raccogliere mangiandone più di quelle che mettevamo nel cestino.

«Venite» disse ancora il nonno.

Nello stanzone che per lungo tempo avevamo adoperato come deposito dell'acqua, in una grande tinozza di zinco galleggiavano dei grossi cocomeri.

«Non potevano mancare le angurie per la nostra festa, giusto? E ora forza, torniamo al lavoro in cucina!»

Mentre tagliavamo e sminuzzavamo le verdure, ci lanciavamo sguardi che sembravano saette cariche di allegria.

«E ora che dite di riempire le brocche e portarle in tavola? Gli invitati stanno arrivando!» La festa durò tutto il pomeriggio e proseguì anche la sera. I piatti che avevamo preparato erano piaciuti a tutti, anche a un ospite speciale che era arrivato insieme al suo migliore amico poco prima del tramonto: Argo e Umberto. Ora erano tornati a vivere insieme nella nuova villetta. Ormai che lo conoscevamo, Argo aveva un'aria decisamente meno truce di come ci era apparso nella cascina deserta. Dopo essersi fatto coccolare da tutti quanti ora se ne stava accucciato ai piedi del suo padrone.

«E ora, per concludere la serata» disse il nonno «ecco le angurie dell'orto. Solo grazie al lavoro di questi imbattibili fanciulli possiamo mangiarle questa sera!»

«È allora è arrivato il momento delle storie!»

La nonna di Mariam diceva che era un'usanza del suo paese e riviverla con noi le faceva sentire meno la nostalgia del suo villaggio in Egitto.

«Chi ne conosce una bella?» chiese.

«Noi!» esclamammo in coro. «Una storia di allegria, come tutte le storie di mani che si aiutano e si prendono cura della terra.»

È stata una bellissima avventura.

Ci vediamo alla prossima!

Piccoli lettori crescono

La collana propone una serie di testi dedicati a promuovere tra i bambini della fascia di scuola primaria corretti comportamenti di cittadinanza attiva e responsabile. La narrativa rappresenta così, a casa e a scuola, un fondamentale e divertente supporto all'Educazione Civica.
Si tratta di testi pensati per due livelli di capacità di lettura, tipicamente 6/7 anni e 8/10 anni.
I due livelli sono caratterizzati dalla presenza di personaggi-narratori in cui i giovani lettori si potranno identificare: il piccolo Pio, detto il terribile, e sua sorella più grande Norma, detta la dritta. Entrambi sono coinvolti, insieme al gruppo di amici, in avventure divertenti e situazioni che permettono di esprimere valori di cittadinanza, sostenibilità ambientale, correttezza di rapporti interpersonali, uso responsabile delle tecnologie.

Dopo la piacevole lettura, le bambine e i bambini potranno approfondire i contenuti grazie alle schede di lavoro disponibili online su
https://www.edicart.it/it/piccoli-lettori-crescono/